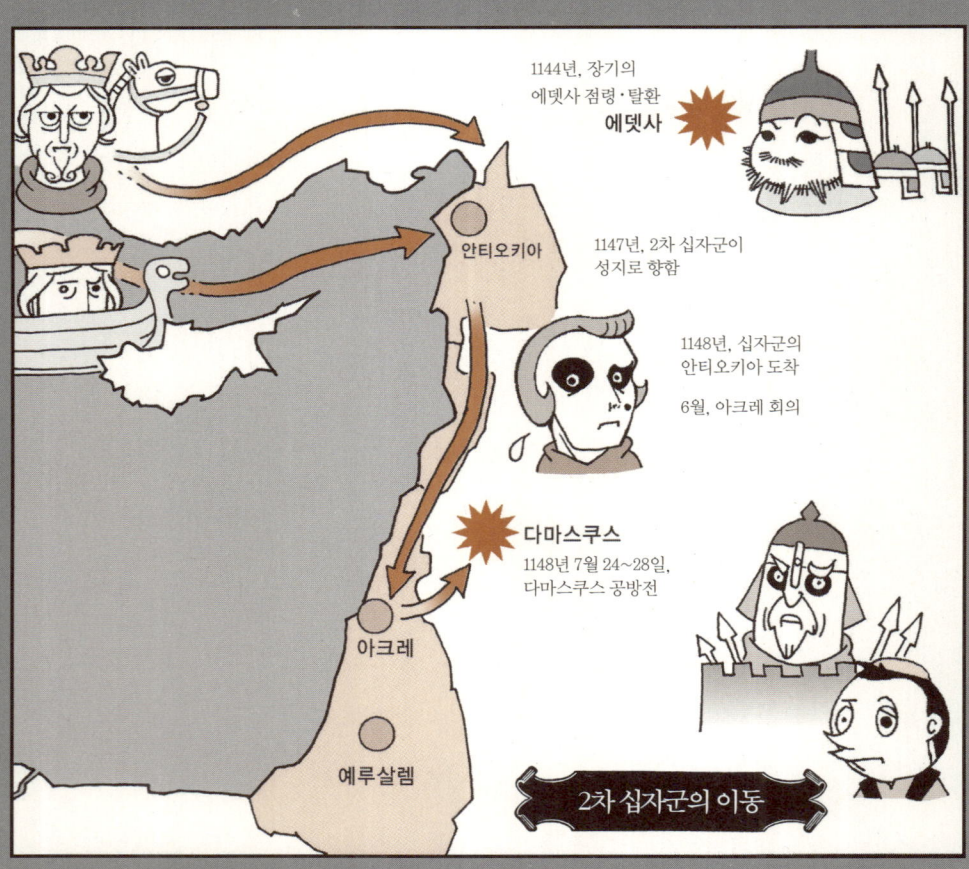

# 김태권의 십자군 이야기
*Bellum contra Cruce Signatos*

◆ 4 ◆

### 무슬림의 역습과 인간 살라딘

김태권의 십자군 이야기
무슬림의 역습과 인간 살라딘

글·그림 | 김태권

초판 1쇄 발행일 2012년 5월 25일
초판 2쇄 발행일 2014년 6월 30일

발행인 | 한상준
기획 | 임병희, 박민지
편집 | 김민정
디자인 | 김경희, 김경년
마케팅 | 박신용
종이 | 화인페이퍼
출력 | 소다프린트
인쇄·제본 | 영신사

발행처 | 비아북(ViaBook Publisher)
출판등록 | 제313-2007-218호(2007년 11월 2일)
주소 | 서울시 마포구 연남동 567-40 2층
전화 | 02-334-6123 팩스 | 02-334-6126 전자우편 | crm@viabook.kr

ⓒ 김태권, 2012
ISBN 978-89-93642-42-1 07900
ISBN 978-89-93642-32-2 (세트)

• 이 책은 저작권법에 따라 보호받는 저작물이므로 무단 전재와 복제를 금합니다.
• 이 책의 전부 혹은 일부를 이용하려면 저작권자와 비아북의 동의를 받아야 합니다.
• 이 도서의 국립중앙도서관 출판시도서목록(CIP)은 e-CIP홈페이지(http://www.nl.go.kr/ecip)와
  국가자료공동목록시스템(http://www.nl.go.kr/kolisnet)에서 이용하실 수 있습니다. (CIP 제어번호 : CIP2012002237)
• 잘못된 책은 바꿔드립니다.

# 김태권의 십자군 이야기
## Bellum contra Cruce Signatos

무슬림의 역습과 인간 살라딘

ViaBook Publisher

## 빵빵한 지식, 뛰어난 유머! 지식만화의 새 지평을 열다

2003년 가을, 김태권 작가의 《십자군 이야기》를 읽고 추천사를 썼었다. 당시 슬쩍 본 것만으로도 흥미가 당겨 이번 단락만, 이번 이야기만 하다가, 이럴 수가! 그만 끝까지, 그것도 단숨에 봤던 기억이 생생하다. 그림도 간결한 것이 참신하고 특히 내용이 역사 공부를 여간 한 것이 아닌데, 그것을 잘 소화해내고 있을 뿐 아니라 오늘의 우리 현실을 같이 담아두어 정말 리얼하게 다가오면서도 심심하지 않도록 짭짤한 유머를 섞어놓아 손을 놓지 못하게 만드는 게 아닌가. 부끄러운 이야기지만 나는 십자군 전쟁에 관해서 상세한 지식을 갖고 있지 못했다. 보통 상식으로 알고 있는 그런 수준이었다. 그런데 이 책을 읽고 내 자신이 이 부분에서 빵빵해지는 느낌을 받았다. 그것도 아주 짧은 시간에!
세상에 만화가 아니면 어떻게 이런 정보를 즐겁고 명료하게 얻을 수 있을까? 이것이 바로 만화의 힘이 아니던가! 물론 이렇게 쉽고 재미있게 전달하기까지는 저자의 각고의 노력과 공부, 그리고 첨예한 시대 의식과 뛰어난 유머 센스가 있었기에 가능한 것이리라.
이 만화는 재미있으면서도 수준이 있다. 많은 독자들이 이 만화를 보고 지식을 쌓고 시대를 통찰하는 즐거움을 만끽하리라 확신한다. 물론 내가 그랬고, 첫 권이 나올 때 고등학생이었던 내 아들에게도 유용한 교양서였기 때문이다. 2권까지 출간하고 절판이 되었다는 사실을 알고 아쉬웠는데 다시 새롭게 개정판을 출간한다니 오랜 지기를 만난 듯 몹시 반갑다.

박재동(만화가)

# 야만적 역사를 고발한다

《십자군 이야기》는 중세에 일어났던 어떤 야만적인 사건에 대한 고발이다. 십자가의 이름으로 행해진 침략 전쟁은 당시 지배층의 정치적 야욕, 기사계급의 물질적 욕구, 순진한 민중들의 헛된 기대가 한데 모여 일어난, 거대한 집단적 리비도의 폭발이었다. 중세 특유의 종교적 광신은 이 세속적 욕망의 분출을 더 격렬하고, 더 집요하게 만들었다. 이 책은 그 어처구니없는 역사의 한 페이지를 다시 우리의 '기억' 속에 불러들인다.

이게 단지 '기억'에 불과할까? 예나 지금이나 원래 전쟁을 할 성스런 '이유' 따위는 존재하지 않는다. 다만 전쟁을 할 세속적 '필요'가 있을 뿐이다. 그리하여 이 어처구니없는 역사가 지금 이 시대에 다시 한 번 반복되고 있다. 이라크 전쟁은 중세의 십자군 전쟁을 닮았다. 특히 이 전쟁을 일으킨 자들의 사고방식은 중세 십자군들의 그것과 놀랍도록 유사하다. 이 책은 이렇게 역사의 기억을 조직하여 현재를 고발한다.

톡톡 튀는 작가의 위트와 함께, 이 책의 또 다른 매력을 이루는 것은 로마네스크 양식의 그림체다. 역사만담꾼 김태권은 중세인의 모습을 그들이 그리던 그 방식으로 묘사한다. 이로써 중세인들은 책 속에서 스스로 자신을 연출하게 된다. 역사 이야기를 다룬 수많은 그림책이나 만화책들 중에서 유독 이 책에 내 눈이 머무는 것은, 형식을 그저 내용을 전달하는 도구로만 간주하지 않는, 작가의 이 세련된 양식적 감각 때문이리라.

진중권(문화평론가)

작가의 말

# 영웅적인 유혹을 범속하게 이겨내기

《김태권의 십자군 이야기》 4권은 살라딘에 관한 내용입니다. 4권을 작업하며 몇 가지 유혹에 시달렸어요. (겨울밤에 빈둥거리고 봄날에 놀러 나가고 싶은 유혹 말고도요.)

우선 살라딘의 활약을 손에 땀을 쥐는 군담 내지 판타지로 그려내고 싶어서 혼났습니다. 원래 살라딘의 인생 이야기가 그런 소재들로 가득했으니까요. 《삼국지》니 《수호지》니 《은하영웅전설》이니 군담소설에 익숙한 세대니 더욱 그랬겠지요. 그러나 처음에 반전 만화로 시작했는데 지금 그래도 되나 싶더라고요.

무슬림의 반격 이야기를 통쾌하게 그려낼까도 고민했는데 그러면 안 되겠더군요. 1권 작업하면서부터 아민 말루프의 《아랍인의 눈으로 본 십자군 전쟁》이라는 책을 읽었어요. 군중십자군과 1차 십자군을 그려낼 때는 문제가 없었죠. 하지만 4권은 반격이 주제입니다. 십자군의 손에 가족을 잃은 당시 사람들 보기에는 서구 침략자들의 패망과 죽음이 통쾌할 수도 있겠지요. 그런데 우리까지 그럴 필요는 있을까요? 이전에는 전쟁에 반대하고 관용과 공존을 이야기하던 제가 이제 와서 폭력적인 복수를 비판 없이 찬양해도 되는 걸까요?

또 하나의 거부하기 힘든 유혹은 주인공 살라딘을 슈퍼 히어로로 그리는 일이었어요. 살라딘은 멋진 사람이었던 것 같아요. 정치 인생을 시작할 때는 사방이 적이었지만 결국 그들 대부분이 나중에 가서 "살라딘은 적이지만 훌륭하다"고 인정했으니까요.

그런데 그대로 좋을까요? 사실 세상에 영웅이 부족한 건 아니잖아요. 이미 발에 채일 만큼 많은걸요. 그런데도 우리는 또 하나의 영웅이 나타나기를 기다립니다. 이상한 일이죠.

지식인 타리크 알리는 "영웅을 필요로 하는 세대는 불행한 세대"라고 했대요. 소설 《술탄 살라딘》에서 그는 살라딘을 전쟁만 아는 영웅이 아닌 약점도 많은 정치가로 그려냈어요. (때로는 야한 일과 음담패설 따위에 몰두하기도 합니다.) 저도 영웅 만들기는 질색입니다. 한때는 저 역시 훌륭한 위인들의 감동적인 이야기를 많이 보고 들은 것도 같은데 시간이 지나면 기억에 통 남지 않더라고요.

작업하면서 저는 살라딘의 인간적인 면모에 주목했어요. 언제나 궁지에 몰리고 뒤로는 권력욕도 있지요. 그런데도 연재했던 원고를 단행본으로 묶으며 다시 읽어보니 어딘지 좋게만 그린 것처럼 보이기도 하네요. (실제로 연재 마칠 때 그런 지적을 하신 독자님도 계시더군요.) 어쩔 수 없죠, 살라딘 본인이 평범한 사람은 아니니까요.

그런데 이렇게 평범한 사람이 아니라면 더군다나 이런 인물을 기다려서는 곤란하지 않겠습니까? 흔한 인물이 아닌 만큼 자주 나타나지도 않을 테니까요. 어떤 의미에서는 지금 여기 우리에게도 훌륭한 인물이 나타나면 좋겠다고 기대를 거는 것이야말로 살라딘의 전기를 읽으며 가장 극복하기 어려운 유혹일지도 모르겠네요. 새로운 영웅을 기다리는 대신 우리의 고만고만한 능력을 어떻게 잘 모아볼까 고민해봅시다.

2012년 5월, 김태권

| 일러두기 |

처음 책이 나올 때 《아랍인의 눈으로 본 십자군 전쟁》(김미선 옮김, 이희수 감수)의 표기에 맞춰 외국어 발음을 우리말로 옮겼다. 그로부터 여러 해가 지나면서 외국어를 표기하는 관행도 조금씩 바뀌는 듯. 이 분위기를 반영하여 새롭게 표기 원칙을 잡아본다.

1. 서유럽 인물은 되도록 출신 지역 또는 활동한 지역을 확인하여 그 지역의 표기를 따르도록 노력했다 : 기사 르노→기사 라이날드. 단, 연대기 작가의 이름은 라틴어 표기를 살려 적었다 : 아헨의 알베르투스, 샤르트르의 풀케르
2. 로마 교황청에서 활동한 인물의 경우 이탈리아어 표기를 택할까 망설였지만, 아직 일반적이지는 않은 듯하여, 이전 책대로 라틴어 표기를 따랐다 : 우르바누스 교황, 마틸다 백작
3. 고대 그리스어 발음에 따라 표기하던 동로마 제국의 인명과 지명은, 중세 그리스어 발음을 살려 적었다 : 알렉세이오스 콤네노스→알렉시오스 콤니노스, 안나 콤네나→안나 콤니니, 도륄라이온→도릴레온
4. 고대 중근동의 인명 역시 현지어 표기로 변경할까 고민하였으나 전처럼 고대 그리스어 표기를 따랐다. 이 인물들이 헤로도토스의 《역사》를 통해 우리에게 익숙하기 때문이다. 단, 고대 그리스어 모음 '입실론'의 경우 초판에서 'ㅟ'로 쓰던 것을 요즘 표기 추세에 따라 'ㅣ'로 바꾸었다 : 퀴로스→키로스, 캄뷔세스→캄비세스
5. 투르크 인명은 터키어 표기 세칙이 없어서 국립국어원 외래어 표기 일반 원칙 및 터키어 용례를 따랐다 : 클르츠 아르슬란→킬리치 아르슬란
6. 아랍어 표기에서 자음 '까프(q)'는 'ㄲ'으로 표기하였다 : 쿠란→꾸란. '꾸란'의 경우 성문파열음을 살려 '꾸르안'으로 적자는 의견도 있지만(정수일), 아직 일반적이지는 않은 듯하다.
7. 중복된 자음은 살려 표기하였다 : 무함마드, 압바스
8. 관행으로 굳은 인명과 지명은 이미 널리 통하는 발음에 따랐다 : 아사신, 누레딘, 살라딘

| | |
|---|---|
| 차례 | 김태권의 십자군 이야기  무슬림의 역습과 인간 살라딘 |

**추천의 글** 빵빵한 지식, 뛰어난 유머! 지식만화의 새 지평을 열다 —박재동 _4
야만적 역사를 고발한다 —진중권 _5
**작가의 말** 영웅적인 유혹을 범속하게 이겨내기 _6

**들어가며** **구약 시대의 예루살렘** _10
예루살렘에 도읍한 다윗 / 예루살렘의 번영 /
솔로몬 시대의 그늘 / 왕국의 분열과 예언자들의 활약 /
여러 제국과 대단한 군주들 / 헬레니즘 문명과 마카베오 혁명

**❹** **무슬림의 역습과 인간 살라딘**
1장 2차 십자군 침공 _30
2장 이집트에 간 살라딘 _96
3장 살라딘의 왕조 _156
4장 예루살렘 왕국의 멸망 _214

**고전 읽기** 고트홀트 레싱의 《현자 나탄》을 읽다 _274

**연표** _284
**도움을 받은 책** _291

Bellum contra Cruce Signatos

들어가며

구약 시대의 예루살렘

T-O지도 : 예루살렘을 가운데에 놓고 세 개의 대륙을 나타낸 중세 T-O지도.
한동안 서구 사회에서 예루살렘은 세상의 중심으로 인식되었다.

약자의 권리를 위해 강자에게 분노하는 것은
유대 문명의 오래된 전통.
(훗날 기독교 문명으로 계승된다.)

저주받으리라,
악법을 제정하는 자들, 양민을
괴롭히는 법령을 만드는 자들아!
너희가 영세민의 정당한 요구를 외면하고
내가 아끼는 백성을 천대하여
권리를 짓밟으며
과부들의 재산을 털고
고아들을 등쳐 먹는구나.

이사야 10:1~2

왜 하필 **과부**와 **고아**인가 하면
당시 사회에서 이들이
가장 약자라서
그렇다는 것 같아요.

미켈란젤로가 그린 이사야 예언자
(시스티나 예배당의 천장화)

이슬람 전통에서는 이들 비판적 예언자의 비중이 예언자 왕들만큼 높지는 않다고 하는데…

어쩌면 무함마드 예언자가 약자에 대해 언제나 직접 챙겼기 때문일지도 모르겠다.

무함마드 스스로가 **고아**였고 **과부**의 남편이었으니까.

아빠왕 / 아들왕

다만 몇몇 히브리 예언자들이 이웃 민족과의 관계에 대해 관용 없는 경직된 태도를 보인 점은 안타까운 일.

…역사적으로는 재미있는 사실을 발견할 수 있다. 예언자들이 사악하다고 한 왕들은 주변의 강대국에게 공물을 바치거나 이교도 숭배를 허락함으로써 평화와 생존을 유지했으며, 오히려 그들이 경건하다고 한 왕들은 공물을 거부하고 이교도 제사를 금함으로써 나라를… (위기로) 몰아넣었던 것이다.

— 토마스 이디노풀로스

관용과 공존!

이는 결국 다음 시대의 과제로 남게 되었지요.

다음 권 첫머리에 계속….

그런데 역시 뭐니 뭐니 해도 가장 위험한 것은

욕심 많고 야심 많은 임금님이었다.

이것이 CEO 리스크.

이 양반들의 무모한 승부수는 결국

나라를 전쟁이라는 도박판에 몰아넣었으니…

남자라면 올인!

북쪽 나라도 남쪽 나라도 차례차례 멸망하고 말았다.
(북왕국 721년 BCE 멸망, 남왕국 586년 BCE 멸망)

## 헬레니즘 문명과 마카베오 혁명

새로 태어난 이 나라에는 종교의 자유가 없었다는데.

정말 아이러니한 일이 아닐 수 없었다. 유대인들에게 종교적 자유를 되찾아 주기 위해 시작된 마카베오의 혁명이 같은 민족에게조차 종교의 자유를 허락하지 않는 그런 국가의 설립을 낳았으니 말이다.

— 토마스 이디노풀로스

Bellum contra Cruce Signatos

4

무슬림의 역습과 인간 살라딘

1144년 에뎃사 점령~1148년 2차 십자군   살라딘, 2차 십자군 전쟁을 목격하다

1149년 이나브 전투~1169년 이집트 원정 종료   살라딘, 이집트와 싸우다

1169년 이집트의 권력을 장악~1176년 아사신의 습격   살라딘, 시리아와 갈등하다

1177년 몽지사르 전투~1187년 히틴 전투 전야   살라딘, 예루살렘 왕국과 싸우다

1장

# 2차 십자군 침공

한 번 더 원정에 나서자는 여론이 들끓었다. 2차 십자군이 시작된 것이다.

본문 49쪽

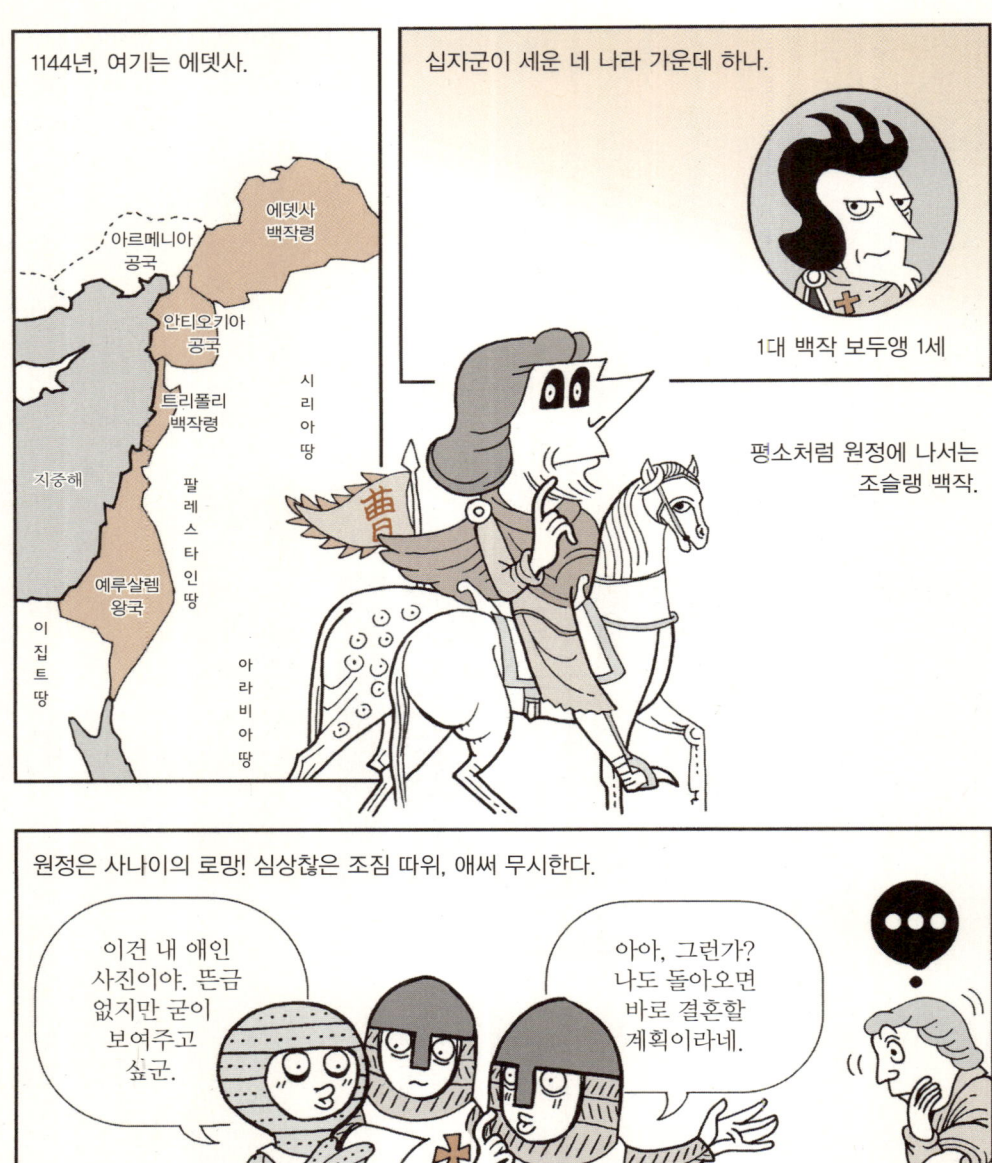

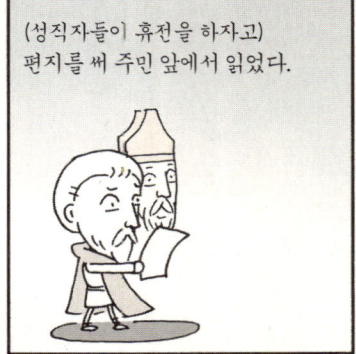

### 진노의 날, 디에스 이레
*(dies iræ)*

가톨릭교회에서는 죽은 이를 위해 미사를 바칠 때 진혼곡(requiem)을 연주한다. 이때 들어가는 합창곡 가운데 하나가 〈진노의 날(dies irae)〉이다. 진혼곡의 다른 곡들이 죽은 이를 추모하면서 슬프고 침울하게 전개된다면 〈진노의 날〉은 세상의 멸망을 노래하는 곡이라 거칠고 역동적이다. 이러저러한 배경 음악으로도 자주 사용되어 음악팬들 귀에 익은 곡이 많다. 특히 모차르트와 베르디의 곡이 유명하다(널리 알려진 포레의 〈레퀴엠〉에는 〈진노의 날〉이 빠지고 대신 '천국으로(in paradisum)'가 들어간다).

중세 그레고리안 성가의 〈진노의 날〉 역시 누구나 들으면 알 수 있는 친숙한 멜로디. 이 중세 가락을 모티프로 삼아 죽음에 대한 곡을 쓴 작곡가들이 많다. 베를리오즈의 〈환상교향곡〉 마지막 악장, 리스트의 〈죽음의 춤(Ttotentanz)〉, 생상스의 〈죽음의 무도(Danse Macabre)〉 등에서 확인할 수 있다.

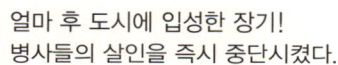

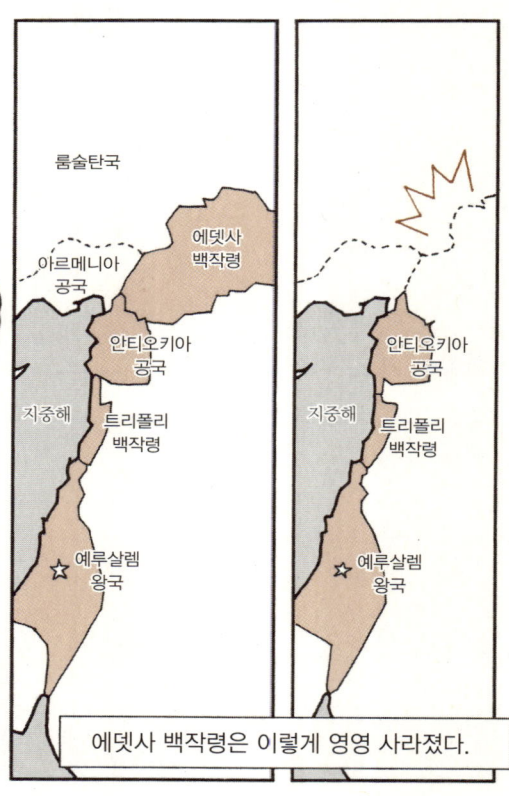

이슬람 세계에서 장기의 인기는 급상승!

오, 예!

장기의 신상이 날마다 인터넷에 '업뎃'되고

그를 칭송하는 UCC가 봇물을 이뤘다.

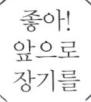

높으신 양반들도 여론에 떠밀려 장기를 띄우는 일에 동참한다.

좋아! 앞으로 장기를

…아미르이자 장군, 위대하고 공정한 신의 조력자, 승리자, 특별한 자, 종교의 지주, 이슬람의 초석, 이슬람의 자랑, 피조물의 보호자, 왕조의 동반자, 교리의 구원자, 민족의 위대한 인물, 왕들의 명예, 술탄의 조력자, 불경스러운 폭도들과 무신론자들을 정복하는 자, 무슬림 군대의 대장, 승리의 왕, 왕들의 왕, 미덕의 태양, 이라크와 시리아 두 곳의 아미르, 이란의 정복자, 발라완 지한 알프 이나사지 코트로크 토그룰베그 아타베그 아부 사이드 장기 이븐 아크 순쿠르, 신도들의 왕자의 지주

…라고 부르도록 하라!

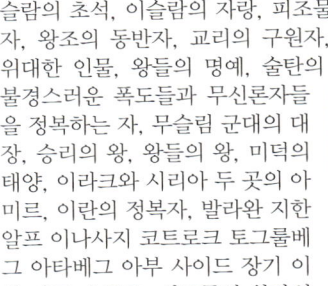

안녕하세요, 시청자 여러분! 오늘 모신 초대 손님은…

1장 | 2차 십자군 침공 † 39

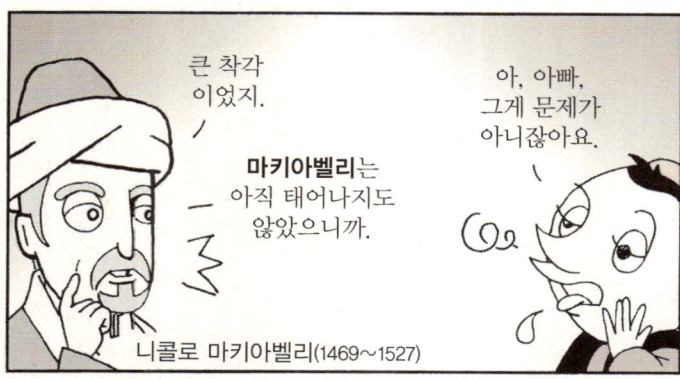

장기는 분명 인자한 통치자는 아니었다. 불침번을 서고 있어야 할 병사가 자고 있다가 도깨비처럼 나타난 장기에게 발각된 이야기는 그 한 예이다. 부스스 눈을 뜬 그는 무시무시한 왕이 자신 앞에 서 있는 것을 보고는 그만 너무도 놀라 그 자리에서 푹 쓰러져 죽었다고 한다. (…) 장기는 병사들이 백성의 농작물을 짓밟고 다니는 것을 결코 허락하지 않았다. 돈을 지불하지 않고서는 짚 한 단이라도 거저 가져가는 일이 없었고, 폭력 행위는 십자가형으로 엄하게 다스려졌다.

— 스탠리 레인 풀

1장 | 2차 십자군 침공 † 55

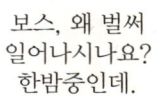

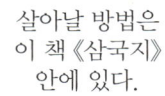

두 사람이 장비의 침상으로 다가가
각기 숨겨온 단도를 품 속에서 꺼내…
―《장정일 삼국지》

장기가 죽고 나자 정말로 요란한 쟁탈전이 벌어졌다. 한때 엄격한 군기를 자랑하던 군사들은 통제 불가능한 도적떼로 변했다. 그의 보물과 무기들, 심지어 그의 옷가지까지 순식간에 사라지고 말았다. 그의 군대는 뿔뿔이 흩어졌다. 아미르들도 자신의 부하들을 속속 불러 모았으며 다른 요새들을 점령하러 나서거나 좀 더 안전한 곳에서 사태의 추이를 지켜볼 생각을 하였다.

— 아민 말루프

### 장기의 죽음

"술을 마시다 죽다니? 장기는 무슬림인데!" 당황한 독자님이 계실지도 모르겠다. 원칙적으로 무슬림은 음주를 할 수 없다지만 (세상일이 다 그러하듯) 마실 사람은 마셨던 모양이다.

장기는 성격이 모질어 원한도 많이 샀지만 무슬림 민중들은 장기의 죽음을 안타까워했다. 시인과 연대기 작가들은 장기를 추모하는 글을 썼다.

"신은 나를 용서로 대해주셨다. 에뎃사 때문에." 스탠리 레인 풀에 따르면 얼마 후 장기의 유령이 나타나 이렇게 말했다는 이야기까지 나왔다고.

(…) 우사마 이븐 문키드는 (예루살렘 왕국을 향한 우누르의) 방문길에 동행했다. 이 연대기 저자의 관심이 단순히 외교적인 임무에만 머무르지 않았다는 것이 후세 사람들에게는 다행이 아닐 수 없다. 유달리 호기심 많고 예리한 관찰가였던 그는 프랑크인들의 일상과 풍습에 대해 인상적인 기록을 남겼다. (…) 그는 이외에도 예루살렘을 여러 차례 방문하는 과정에서 수집한 다른 사례들도 기록하고 있다.

— 아민 말루프

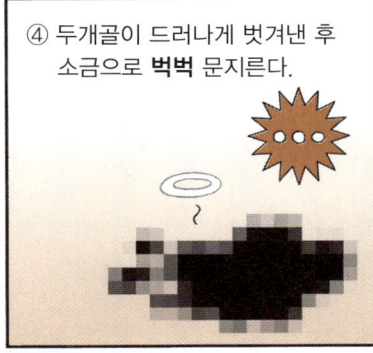

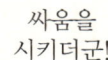

— 우사마 이븐 문키드

**프랑크인의 발전상**

무슬림이 보기에 당시 서양 사람들의 의학과 재판은 민망한 수준이었다. 아민 말루프의 말처럼 "우사마처럼 교양 있고 세련된 관리는 이러한 모습에 눈살을 찌푸렸다. (그의) 분노가 당연할 수밖에 없었던 것은 12세기의 아랍인들에게 재판이란 대단히 진지한 사안이었기 때문이다."

그러나 서양인들이 계속 이런 수준에 머무른 것은 아니다. 의학과 과학은 이슬람 문명과 접촉하며 놀랍게 발전했다(알고리즘, 알칼리 등의 용어에 아랍어의 흔적이 남아 있는 것은 이 때문). 재판의 정교함은 떨어졌지만 '정당한 권리 보장'이라는 면에서는 서양 사람들이 나은 면도 있었다고 아민 말루프는 《아랍인의 눈으로 본 십자군 전쟁》의 '에필로그'에서 지적한다.

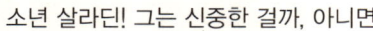

### 1차 십자군 대 2차 십자군

2차 십자군은 1차 십자군(군중십자군 포함)과 비슷하면서도 다른 모습으로 시작했다. 뜨내기 은자 피에르가 군중과 불우한 기사들을 선동하는 장면으로 시작한 1차 십자군과 달리, 2차 십자군은 종교계의 실력자 성 베르나르두스가 서유럽 최강의 왕과 황제에게 설교하면서 시작된다. 라둘프라는 자가 1차 때처럼 유대인 학살에 나섰지만 이번에는 베르나르두스가 직접 나서서 학살을 저지한다. 그러나 너무 잘 나가는 사람들이 모인 탓인지 본격적으로 전투가 시작되면서부터는 권력 암투와 잡음이 끊이질 않았으니, 세상일이란 알다가도 모를 노릇.

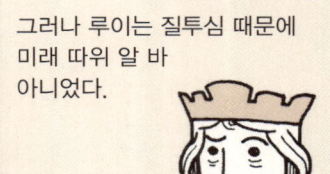

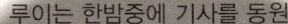

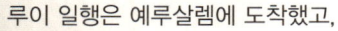

여러 나라의 화려한 군주들이 **아크레**에 모여 회의를 열었다.

**에뎃사**를 쳐야 하오!

아니, 장기의 아들이 있는 **알렙포**부터!

…싫어! 알렙포는 싫어! 레몽 좋은 일은 해주고 싶지 않아!

알렙포만 아니라면 어디라도 좋아! 어디든 맞춰주지. 다 맞추겠소.

다 맞추겠소!

그래, **다마스쿠스**!

논쟁이 어떠했는지, 최종 제안을 한 게 누군지는 알 수 없다. 반대가 좀 있었지만, 다마스쿠스 공격에 모든 힘을 쏟기로 하고 회의는 끝났다.

— 스티븐 런치만

또다시 아흑

다마스쿠스! 성서에도 나오는 유명한 도시죠.

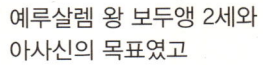

예루살렘 왕 보두앵 2세와 아사신의 목표였고

장기도 줄곧 탐을 내던 시리아의 노른자위 땅…

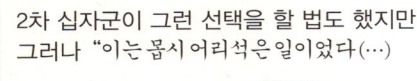

2차 십자군이 그런 선택을 할 법도 했지만 그러나 "이는 몹시 어리석은 일이었다(…)

유독 다마스쿠스만이 프랑크인들과 우방으로 남고 싶어 했다"고 스티븐 런치만은 썼습니다.

크윽

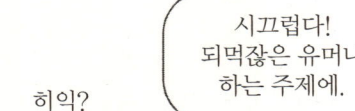
히익?

시끄럽다! 되먹잖은 유머나 하는 주제에.

'다 맞추겠소' 가 다 뭐냐?

우리는 다마스쿠스를 힘으로 정복할 것이다!

(존경 받는 원로 신학자 알 핀달라위가) 걸어서 나서는 것을 본 무인 앗 딘 우누르는 그에게 다가가 인사를 한 뒤 말했다.

"아니, 존경하는 어르신. 어르신처럼 연배가 높은 분은 싸움을 하지 않으셔도 됩니다. 무슬림을 지키는 임무는 저희 몫이지요."

우누르는 알 핀달라위에게 도시로 다시 돌아갈 것을 청했으나 알 핀달라위는 그 청을 물리쳤다.

"나는 이미 팔린 몸이오. 신께서 나를 사셨거든." 그는 경전의 구절을 인용했다.

"신은 이슬람교도들과 그 재산을 사셨고 대신 그들에게 천국을 주신다." 알 핀달라위는 앞으로 뚜벅뚜벅 걸어나갔다.

이는 재앙과도 같은 결정이었다. (…) 많은 프랑크 병사들은, 팔레스타인 땅의 제후들이 누누르에게 매수되어 그런 조언을 했다고 믿었다. 이 이동 때문에 다마스쿠스를 정복할 마지막 기회가 사라졌으니까.

— 스티븐 런치만

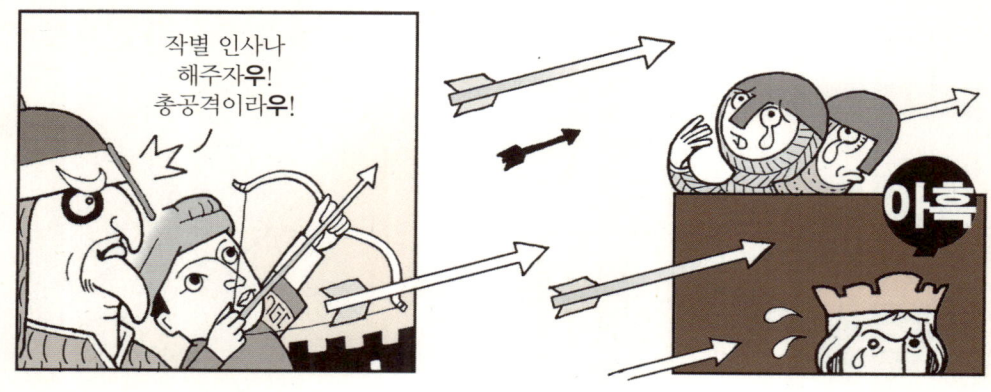

**엘레오노르의 진실**

엘레오노르가 살라딘의 성적 매력에 넘어가 남편을 버렸다고? 〈랭스 음유시인의 이야기〉라는 13세기의 괴작에 나오는 설정이다. 스탠리 레인 풀의 지적처럼 "그녀의 이 악덕은 정사가 일어났을 당시 살라딘은 열한 살의 모범적인 소년이었다는 역사적 사실로 인해 더욱 그 진가를 톡톡히 인정받았다."

이런 허황된 이야기가 인기를 얻은 까닭은 (물론 재미가 있기도 하지만) 2차 십자군이 실패한 일로 누군가를 탓하고 싶은 심정이 당시 남성들의 반여성주의와 결합했기 때문이리라. 오늘날 어떤 연구자들은 엘레오노르와 레몽의 스캔들이 당대는 물론 후세에도 정설처럼 받아들여진 것 역시 이런 이유에서라고 지적한다. 진상이 어떻든 엘레오노르는 유럽에 돌아가 프랑스 왕 루이와 이혼하며 서유럽의 국제 정세에 파장을 몰고 온다(이후의 일은 《김태권의 십자군 이야기》 5권에서 확인할 수 있다).

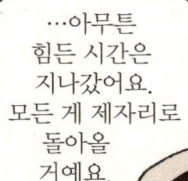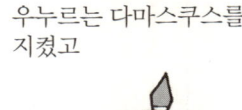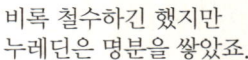

1144년 에뎃사 점령~1148년 2차 십자군   살라딘, 2차 십자군 전쟁을 목격하다

1149년 이나브 전투~1169년 이집트 원정 종료   살라딘, 이집트와 싸우다

1169년 이집트의 권력을 장악~1176년 아사신의 습격   살라딘, 시리아와 갈등하다

1177년 몽지사르 전투~1187년 히틴 전투 전야   살라딘, 예루살렘 왕국과 싸우다

2장

# 이집트에 간 살라딘

낯선 땅에서 이렇게 죽는 건가?
본문 111쪽

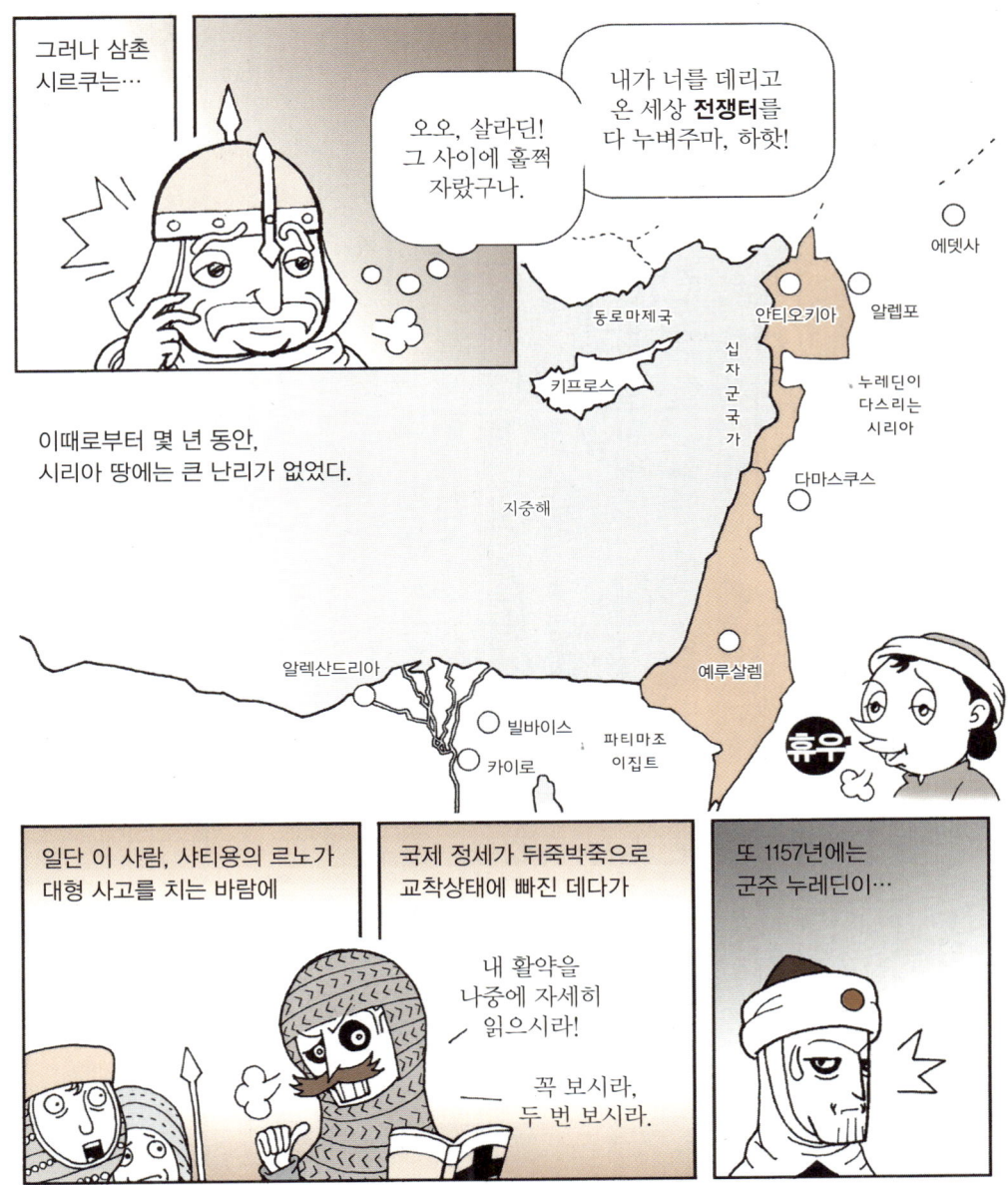

병으로 앓아누웠던 것이다.

국내외의 관심은 군권을 가진 이인자 시르쿠에게 쏠렸으나

정작 본인의 관심은 머나먼 땅을 향해 있었다.

...

살라딘.

시르쿠 삼촌!

요즘 뭐 하고 지내냐? 정치에는 관심 없어?

살라딘은 1154년부터 1164년까지 지휘관 아들에 부합하는 대우를 받으며 다마스쿠스의 궁정에서 자랐다. 그가 거기서 무엇을 했고 무엇을 공부했으며 여가 시간을 누구와 어떻게 보냈는지에 관해 아랍의 연대기 작가들은 화가 날 정도로 침묵을 지키고 있다.

― 스탠리 레인 풀

헤헤, 삼촌. 유유자적 하니 너무 좋은걸요.

## 이집트의 정세

시리아가 이웃 땅 이집트의 정치에 개입해야 하나? 시르쿠는 적극적이었던 반면 누레딘은 신중했던 모양이다. 그러나 누레딘도 개입에 나설 때가 다가옴을 알았으리라. 스탠리 레인 풀의 지적처럼 "시리아 왕과 예루살렘 왕은 이제 서로 적수가 되어 있었다. 따라서 양측 모두 이집트 병합으로 힘을 증강시켜 남쪽에서 유리한 고지를 얻게 되는 것을 용납할 수 없는 입장에 있었다. …그러한 사실을 훤히 꿰뚫고 있던 이집트의 실권자 와지르들은 양측을 가지고 놀며 둘 사이에 이간질을 붙였다. 그러다 그 장난질이 도를 넘게 되었고, (시르쿠와) 살라딘에게 기회를 준 것이다. 물론 그는 그 기회를 놓치지 않았다."

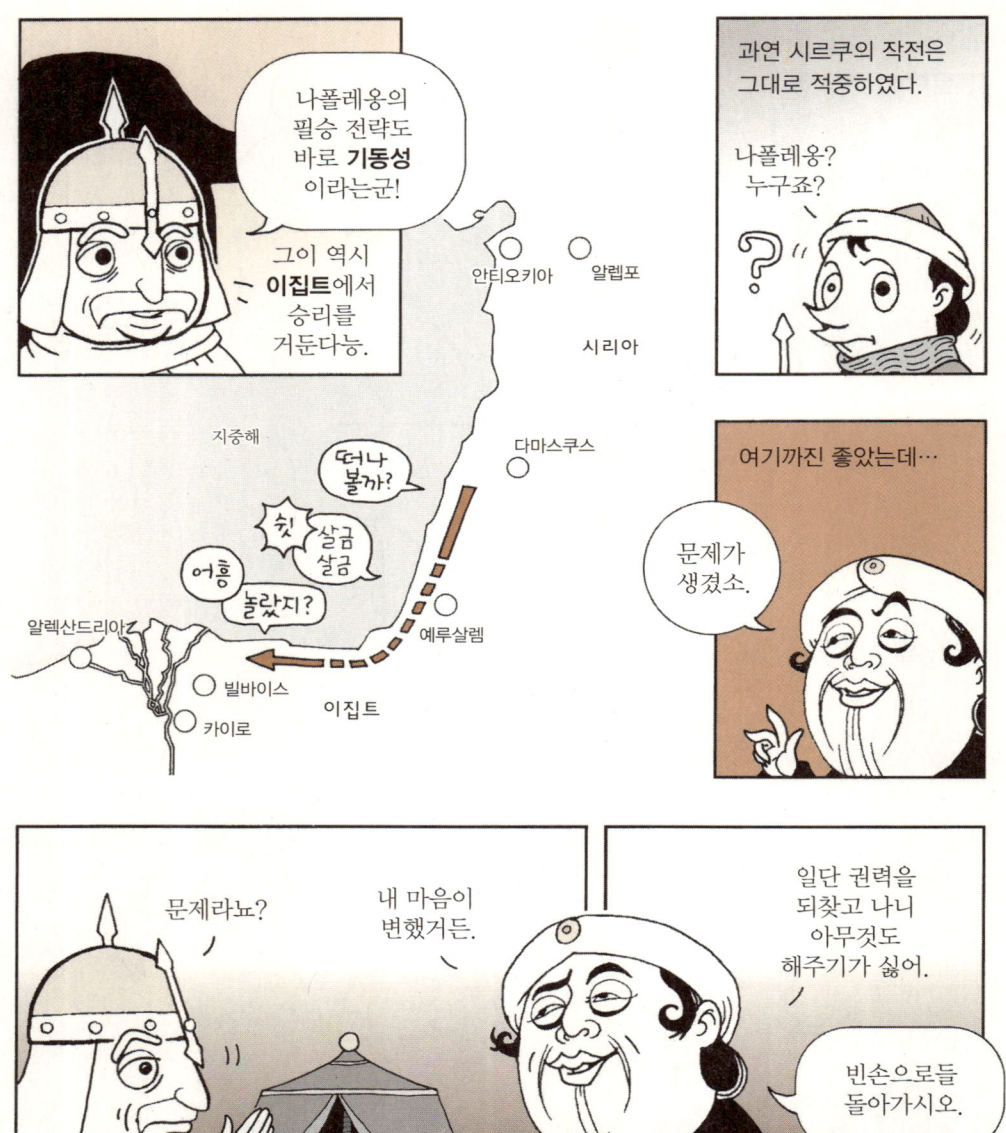

**예루살렘 왕국의 정세**

예루살렘 국왕 풀크가 안장에 머리를 맞는 불의의 사고로 숨을 거둔 후, 공동 통치자였던 멜리장드가 예루살렘을 다스린다. 어린 아들 보두앵 3세를 임금 자리에 앉힌 후 스스로 섭정에 나섰던 것. 여기까지가 《김태권의 십자군 이야기》 3권에서 다루는 시대다.

멜리장드는 예루살렘 왕국을 탈 없이 통치했고 번거로운 손님이었던 2차 십자군도 그럭저럭 넘겼다. 그러나 시간 앞에 장사 있으랴? 아들이 성인이 되어 자기 권리를 요구하는 걸 막을 수는 없었다. 1152년, 내전 상황을 거치며 멜리장드는 정치 일선에서 물러났고 1161년, 숨을 거둔다. 이듬해 1162년에는 보두앵 3세도 죽고 동생 아말릭 1세가 예루살렘의 새로운 임금이 되었다.

(…) 비록 밖으로 보이는 그의 모습이 부분적으로는 만들어진 것이었을지라도 그의 신념은 진지했던 것으로 보인다.

— 아민 말루프

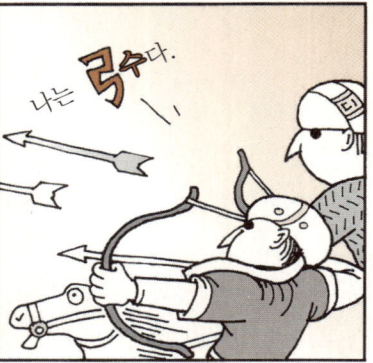

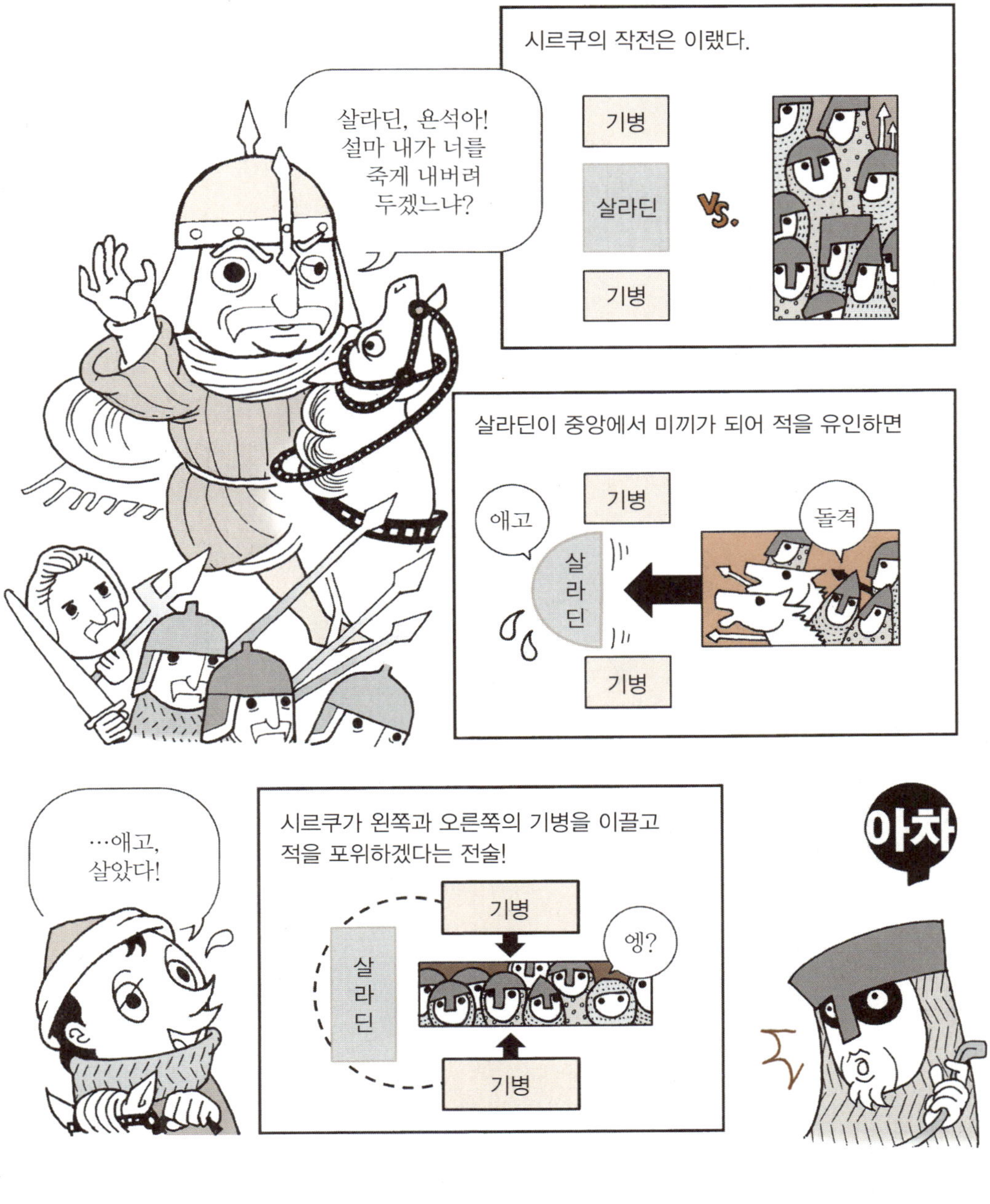

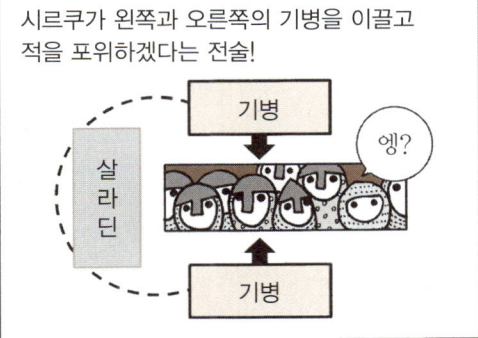

2장 | 이집트에 간 살라딘

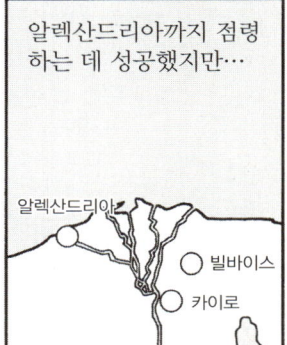

일이 이렇게 되자 (…) 이집트는 이집트인들에게 돌려준다는 내용의 평화안이 마련되었다 (1167년 8월 4일). (…) 살라딘은 떠나기 전에 아말릭의 막사에서 며칠 간 환대를 받았다. 하지만 그것은 빈객이라기보다는 인질에 가까운 것이었다. 그럼에도 불구하고 그것은 귀중한 체험이었을 것이다. 기사도의 예법과 질서도 보았을 것이고 (…) 기독교식의 기사 작위를 받은 것이 그때였을 가능성 또한 배제할 수 없다.

— 스탠리 레인 풀

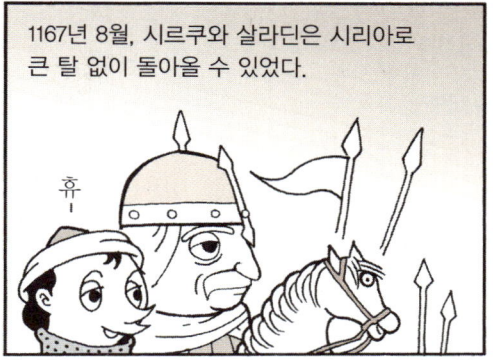

**사람 수만큼
다른 생각**

"로마의 희극 시인 테렌티우스가 이런 말을 했다죠. 'Quot homines tot sententiae(사람 수만큼 다른 생각).' …사도 바울은 사람마다 생각이 다르고 공동체마다 풍습이 다르다는 사실을 인정했습니다…. 고전학자 에라스뮈스는 르네상스 당시의 종교 갈등을 한탄하였습니다. '오늘날 신학자들이 만약 바울의 넉넉함을 조금이라도 배운다면… 하찮은 문제로 이렇게까지 싸우고 갈라지지는 않았을 것이다. 이런 문제들은 그저 잊고 지내도 좋았을 것이기… 때문이다.' 안타깝게도 사람들은 이 말에 귀 기울이지 않았고, '종교개혁'이란 지적 운동은 '종교전쟁'이란 권력자들의 폭력으로 변질됐습니다. …오늘 이 순간에도 수많은 사람들이 '사소한 차이' 때문에 죽고 죽이고 있으니, 사도 바울이 안다면 얼마나 당황할까요." — 김태권의 〈에라스뮈스와 친구들〉(《한겨레》, 2008. 12. 6)

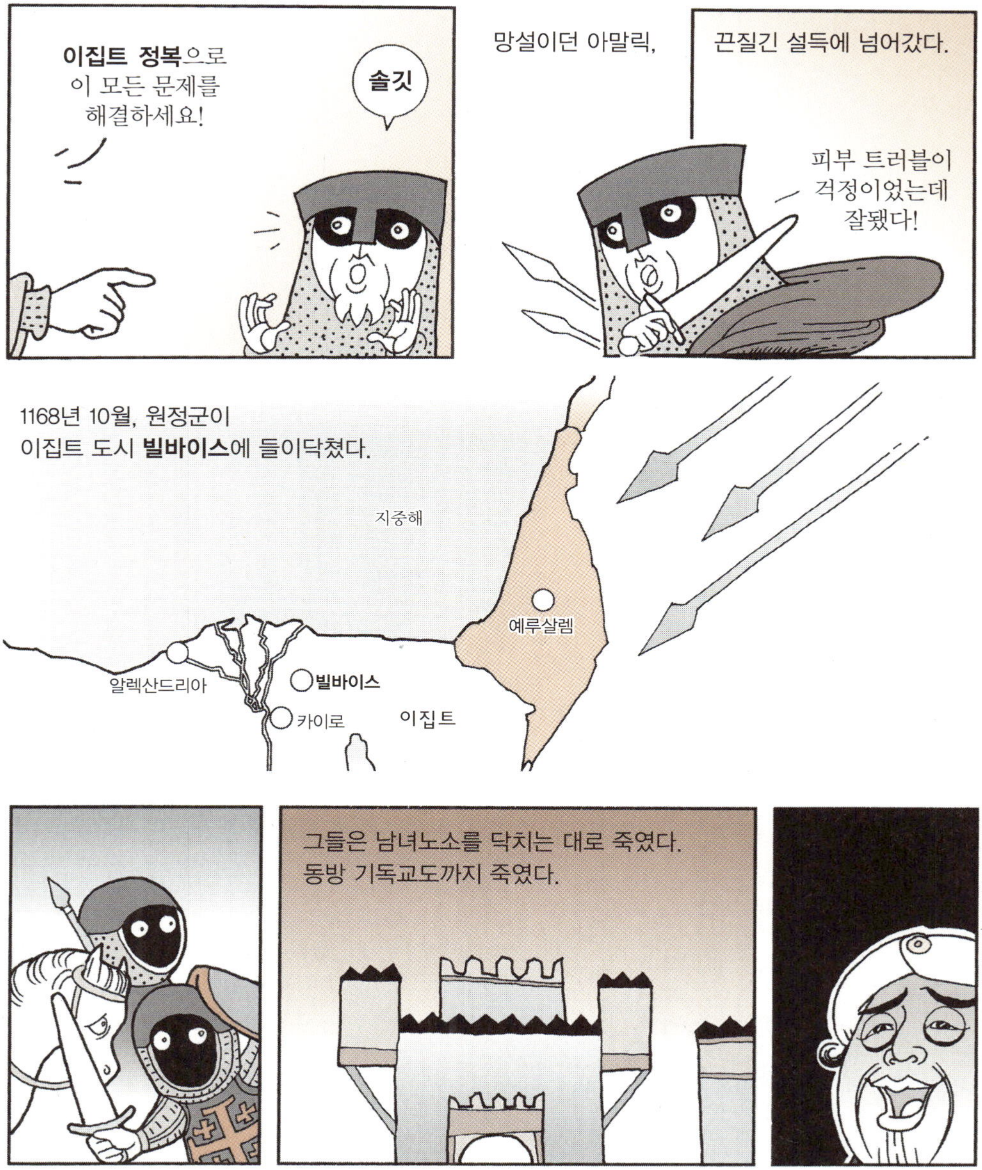

**이집트 정복**으로 이 모든 문제를 해결하세요!

솔깃

망설이던 아말릭,

끈질긴 설득에 넘어갔다.

피부 트러블이 걱정이었는데 잘됐다!

1168년 10월, 원정군이 이집트 도시 **빌바이스**에 들이닥쳤다.

지중해
예루살렘
알렉산드리아
빌바이스
카이로
이집트

그들은 남녀노소를 닥치는 대로 죽였다. 동방 기독교도까지 죽였다.

(…) 프랑크인들이 빌바이스에서 잘 처신했더라면 그들은 세상에서 가장 손쉽게 카이로를 정복했을 것이다. 그 도시의 지배층은 이미 항복할 채비를 하고 있었다. 그런데 빌바이스에서 벌어진 참극을 알게 된 그들은 죽는 날까지 저항하기로 결심했다.

— 이븐 알 아시르

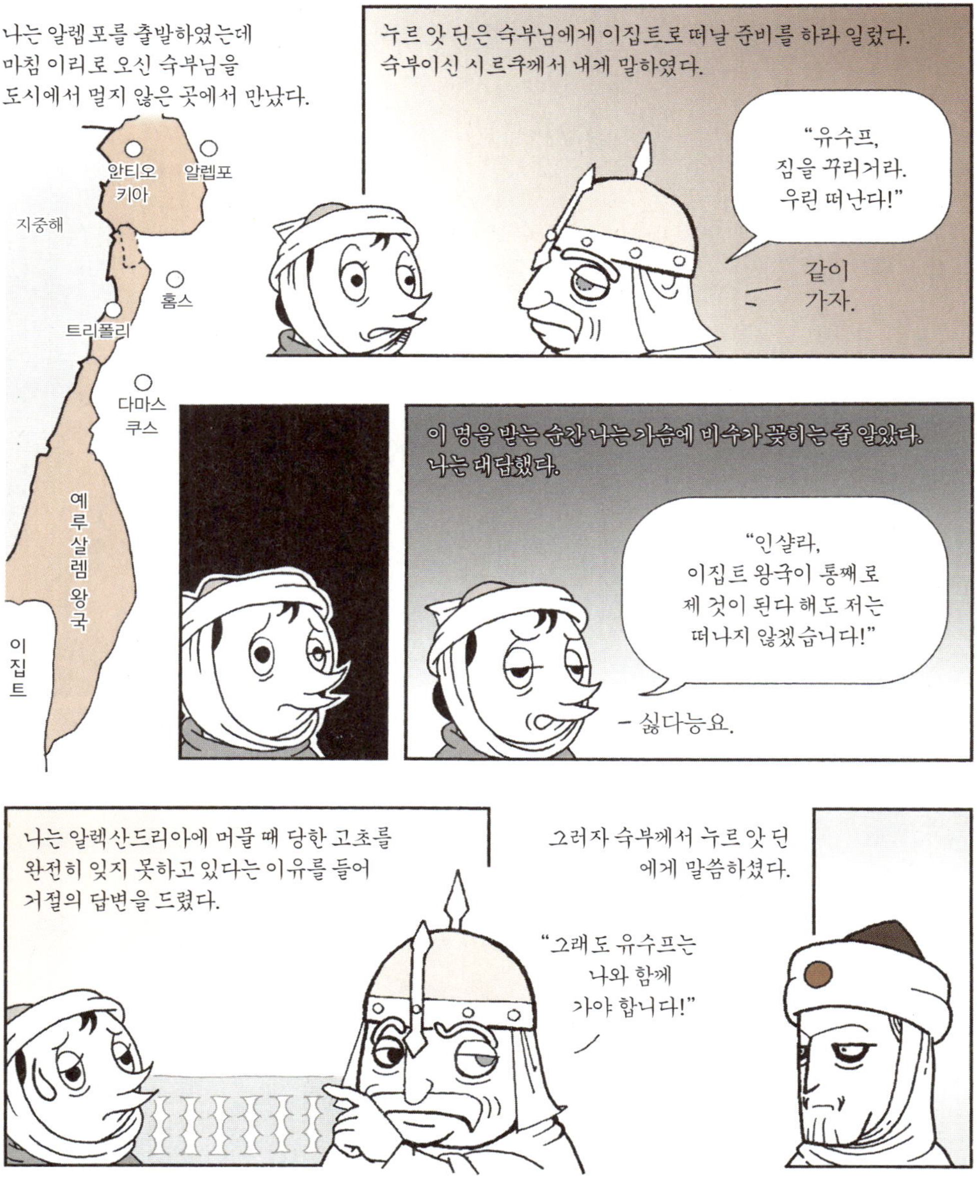

아아, 권력의 비정함이여!

음, 그 얘기는 《김태권의 한나라 이야기》 3권에 많이 나오지.

끌고 가라!

…샤와르는 이렇게 가고

시르쿠가 새로 **이집트의 재상**이 되었다.

부하들은 감격했고

이집트 사람들도 싫지는 않았다.

만찬을 즐기던 중 감회에 젖는 시르쿠!

한때 추방된 떠돌이였던 나 시르쿠가!

이집트의 재상이라니, 내가!

2장 | 이집트에 간 살라딘 † 151

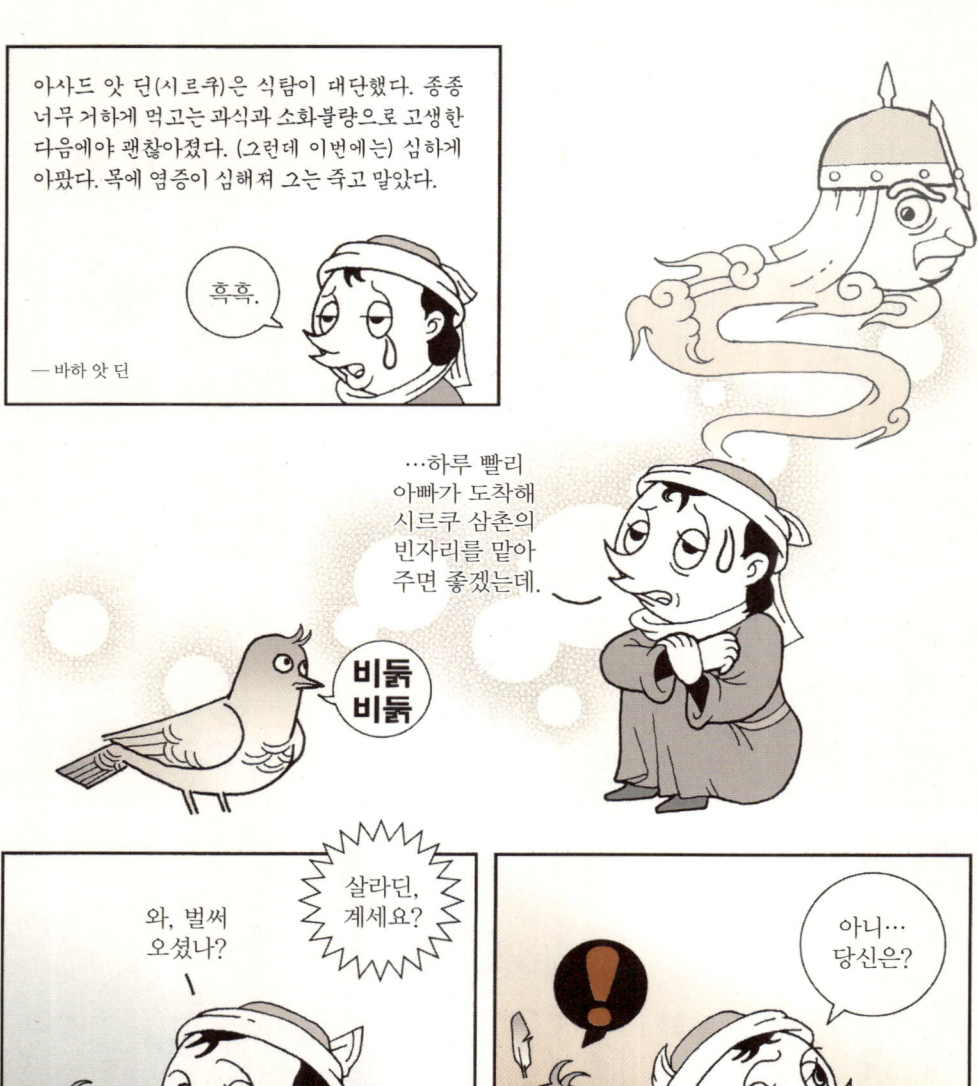

1144년 에뎃사 점령~1148년 2차 십자군　　살라딘, 2차 십자군 전쟁을 목격하다

1149년 이나브 전투~1169년 이집트 원정 종료　　살라딘, 이집트와 싸우다

1169년 이집트의 권력을 장악~1176년 아사신의 습격  살라딘, 시리아와 갈등

1177년 몽지사르 전투~1187년 히틴 전투 전야　　살라딘, 예루살렘 왕국과 싸우다

3장

# 살라딘의 왕조

시리아와 이집트의 힘을 모아, 성지 예루살렘을 되찾을 기회예요!

본문 162쪽

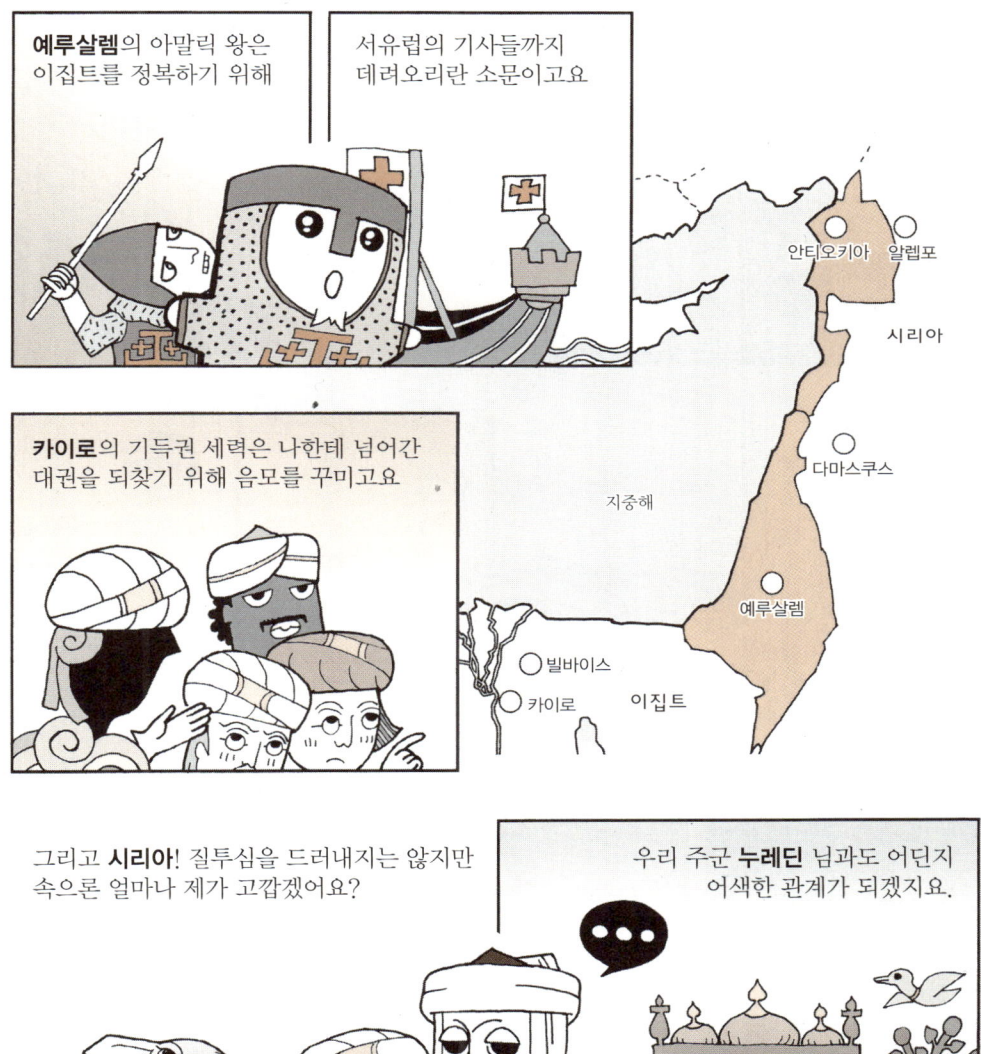

그들은 **위기**를 바라겠지만

내가 잘만 하면 **기회**로 만들 수 있을 게외다.

(…) (살라딘은) 아낌없이 돈을 써 사람들의 마음을 사로잡았다. 그리하여 모든 이가 그의 통치에 따르게 되었다. (…) 한편 그 자신은 술을 끊고 세상의 쾌락에서 등을 돌렸다. 진지한 과업에 스스로를 오롯이 바친 것이다.

(…) 그를 만나러 모든 방향에서 방문객이 찾아왔고 모든 고을로부터 사람들이 그의 궁정에 모여들었다. 어떤 방문객의 청원이라도 그는 성실하게 해결해주었고, 그를 찾아왔다가 빈손으로 돌아가는 사람은 없었다.

— 바하 앗 딘

예상과 달리 살라딘이 **민심**을 파고들자

오오, 살라딘!

카이로의 권력자들은 긴장하는데!

3장 | 살라딘의 왕조 † 163

**카이로의 인종 갈등?**

청년 살라딘이 와지르에 발탁된 것은 그가 만만했기 때문. "시르쿠가 죽자 칼리파 알 아디드의 조언자들은 유수프를 신임 와지르로 천거하였다. 그가 가장 젊은 데다 군대의 아미르들 중 경험도 가장 부족하고 무엇보다 세력이 가장 약하다는 이유에서였다."(이븐 알 아시르)

그러나 살라딘이 자기 사람을 요직에 앉혀 권력을 장악하자 과거 이집트를 다스리던 파벌은 내전을 일으켰다. 그중에는 카이로 시내에 모여 살던 수단 사람 수만 명도 있었다. 작가 타리크 알리는 "우리가 불타는 석탄이라면 저들은 다 타버린 새하얀 재와 같다"며 수단 용사들이 흑인의 우월성을 주장하자 살라딘이 "신 앞에서 모든 인종은 평등하다"며 반박하는 장면을 그렸다. 당시 아랍 사회에서 흑인 노예처럼 백인 노예도 있었다는 사실, 권력의 핵심에 들어가면 노예 출신도 국가 원수까지 올라갈 수 있었다는 사실 등을 지적할 수 있을 것이다.

내전을 형 **투란 샤**에게 맡기고 **다미에타**로 향하는 살라딘!

**다미에타** 공격은 동로마 해군과 예루살렘 왕국, 기사단 '**호스피탈러**'의 합동 작전이었다.

글쎄! 이런 기회를 잡은 것도 결국 너의 **운명** 아니겠느냐?

인간인 내가 굳이 끼어들고 싶진 않구나.

아아.

그는 그와 똑같이 이집트의 재상이던 또 다른 요셉처럼… 시리아에서 부친과 형제들을 불러들였다. 심지어 부친에게는 자신의 자리를 내주려고까지 했다… 하지만 아이유브는 그 명예를 거절했다. "네게 자격이 없다면 신은 이 자리에 너를 앉히지도 않았을 것이다. 누군가의 행운을 가지고 노는 것은 옳은 일이 아니다."

— 스탠리 레인 풀

**또 다른 요셉**이라는 말은 〈구약성서〉에도 나오는 요셉을 가리키지요.

유수프는 요셉의 아랍식 이름이거든요.

《김태권의 십자군 이야기》 3권 165쪽에도 나와요.

이제 좀 마음이 놓여요.

그러냐?

이런 타이밍에 미안하다만…

누레딘 님이 보낸 **미션**을 확인해보렴.

천둥벌거숭이 같은 누레딘의 명령!

아이고.

우리에겐 바그다드의 칼리파 님이 있을 뿐. …살라딘, 카이로의 칼리파를 **폐위**하라!

안 돼~, **폐위**하면 안 돼~, 지금 칼리파를 폐위하면 폭동 날 거 아냐. 폭동 나면 진압하고 진압하면 또 폭동 나고 폭동 나면 또 진압하고 진압하면 또 폭동 나고~. 이러다가 시간 다 지나간다니깐. 으으!

지금 이 **미션**은 무리라고!

유수프, 이제 어쩔 셈이냐?

그러게요. 누레딘 님과 싸울까요?

**명분**이 없잖냐.

만인의 지탄을 받겠죠, 에휴.

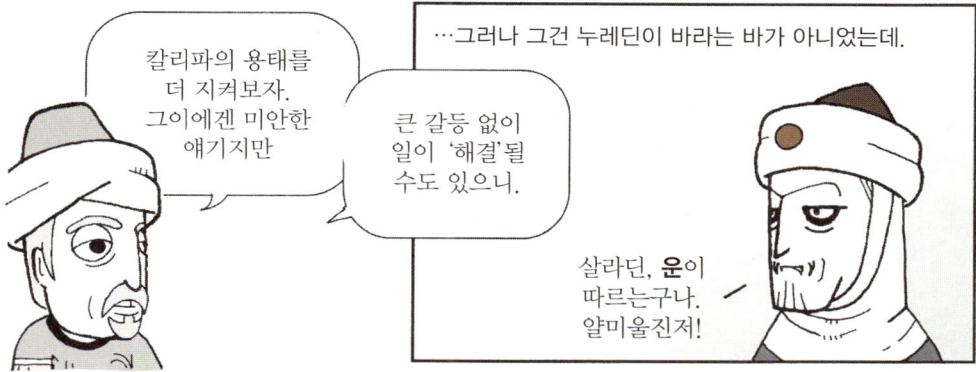

8월에 이르자 시아파 칼리파를 폐위하라는 시리아 통치자(누레딘)의 요구는 협박조로 변했다. (…) 9월 10일 금요일, 카이로를 방문한 한 모술 사람이 사원을 찾았다. 그는 연단에 올라가 (시아파) 파티마 왕조가 아니라 (순니파) 압바스 왕조의 칼리파 이름으로 기도를 올렸다. 그런데 희한하게도 그 순간에도, 그 이후에도 누구도 반발을 하지 않았다. 그는 살라딘을 궁지에 몰아넣으려고 누르 앗 딘이 보낸 첩자였을까? 가능한 추정이다….

— 아민 말루프

### 파티마 칼리파 국가의 최후

칼리파를 폐위한다는 건 영 껄끄러운 과업이었지만 살라딘은 부드럽게 처리하려고 나름 노력한 듯. 아민 말루프가 정리한 대로 "살라딘은 알 아디드에게 소식을 알리지 말도록 손을 썼다. '그가 혹시 회복된다면 언젠가는 그 소식을 알게 될 것이요, 그렇지 않다면 그가 고통 없이 죽게 놔두거라.'"

스탠리 레인 풀은 이때의 일화를 전한다. "임종 때에 알 아디드는 살라딘을 만나게 해달라고 했으나, 살라딘은 혹시나 음모가 아닐까 하는 두려움에 그 제의를 적당히 거절했다. 나중에 그는 칼리파의 소망이 진심이었음을 알고는 스스로를 탓하며 젊은 칼리파…를 극구 찬양했다." 두려워서 가지 못했다는 것도, 나중에 안타까워했다는 것도 인간 살라딘의 마음 약한 모습을 잘 보여준다고 하겠다.

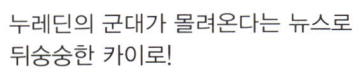

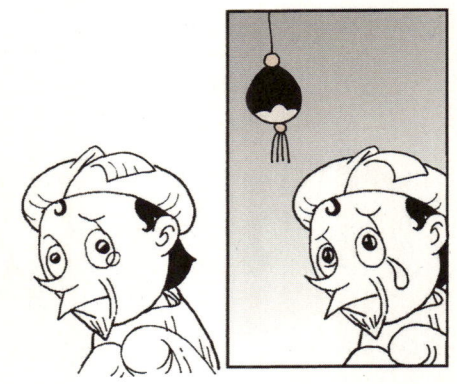

### 아이유브 왕조의 창업

아이유브는 이렇게 세상을 떴지만 그의 이름을 딴 아이유브 왕조는 이제 막 시작이었다. 아이유브와 시르쿠 형제가 닦은 기초 위에 살라딘은 이집트와 시리아와 팔레스타인 및 예멘을 아우르는 '제국'을 건설한다. 아이유브 일가는 아랍 사람도 아니고 투르크 사람도 아니고 쿠르드 사람이다. 살라딘이 세운 제국의 영광은 쿠르드 역사의 가장 화려한 페이지를 빛내고 있다.

누레딘과의 관계는 불편할 수밖에. 그래도 둘 다 전쟁은 부담스러웠기 때문에 여러 안전장치가 있었던 듯. 예를 들어 누레딘은 딸을 살라딘과 정략결혼 시켰다. 하지만 금슬이 좋았던 것 같지는 않다. 살라딘이 아무리 적에게도 평이 좋다지만 부인 보기에는 처갓집을 들어먹으려는 나쁜 남편 아니었을까?

아이유브의 때 이른 죽음은 누레딘으로서도 안타까운 일이었다.

앞으로 살라딘과 문제가 생긴다면 갈등을 조정해줄 사람이 누구인가?

아까운 분을 잃었다.

누레딘이 카이로에 쳐들어올지도 모른다는 흉흉한 소문이 돌았다.

한편 카이로에서는 쿠데타 계획이 들통났다. '살라딘 암살'에 맞춰…

십자군이 수륙 양면으로 동시에 쳐들어온다는 야무진 계획이었다.

**통합의 지도자**가 되려면 되도록 사람들 마음에 상처 주지 말거라.

때를 기다릴 줄 알아야 해.

무리해선 안 되지, 무리해선.

아아, 아버지.

강경파들은 당장 시리아를 치자고 제안했지만

술탄, 이 기회에 '갑'을 잡으십시다.

누레딘의 옛 땅을 쓸어 담으십쇼.

살라딘은 생각이 달랐다.

…아버지가 살아 있으면 기다리라고 했겠지.

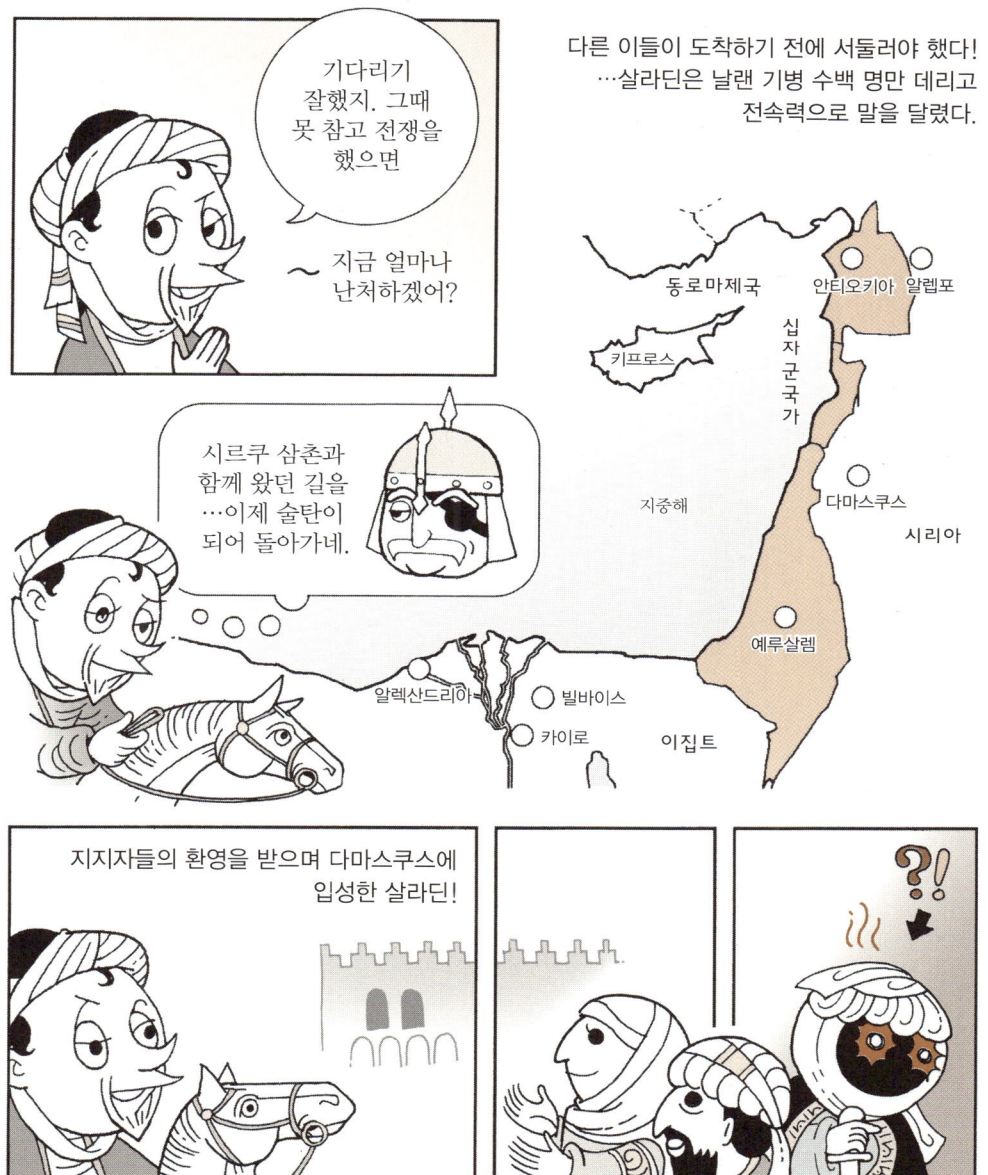

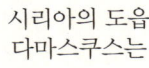

시리아의 도읍 다마스쿠스는

누레딘 님의 오랜 지지자들이 많은 곳이오.

그들의 마음에 상처를 줘서는 안 되지.

살라딘은 다시금 누레딘의 어린 아들에게 공개적으로 **충성**을 다짐한다.

살라딘의 지지자들은 열광! 그러나…

대세는 살라딘!

살라딘의 반대파들은 이게 더 열이 받는 듯.

결국 이들은 누레딘의 어린 아들을 '보쌈'하여

당연하지! 저게 다 정치 **쑈**라고, 응?

1176년 5월 22일, 살라딘의 머리로 날아든 칼날!

곧이어 두 번째 칼날이 목덜미를 파고들었고

연달아 세 번째 자객이 달려오고 있었다….

살라딘, 오늘이 네 **제삿날**이다!

…한편 다마스쿠스에서는

3장 | 살라딘의 왕조 † 213

1144년 에뎃사 점령~1148년 2차 십자군   살라딘, 2차 십자군 전쟁을 목격하다

1149년 이나브 전투~1169년 이집트 원정 종료   살라딘, 이집트와 싸우다

1169년 이집트의 권력을 장악~1176년 아사신의 습격   살라딘, 시리아와 갈등하다

1177년 몽지사르 전투~1187년 히틴 전투 전야    살라딘, 예루살렘 왕국과 싸우다

4장

# 예루살렘 왕국의 멸망

성지를 되찾자! 우리는 전설이 될 거야!

본문 233쪽

4장 | 예루살렘 왕국의 멸망

4장 | 예루살렘 왕국의 멸망

### 아사신 원정과 아리송한 결말

암살 미수 사건 이후 살라딘은 아사신의 본거지에 원정을 나섰다. 그런데 그 결말이 아리송하다. 아사신 측에서 내려오는 전설은 신기하다. 경비병들이 뻔히 지켜보는 가운데 눈에 보이지 않는 투명한 자객이 막사에 들어와 독 묻은 단검과 경고장을 살라딘의 침상 머리에 놓고 발자국 소리도 없이 발자국만 남기고 사라지는 바람에 살라딘의 군대가 겁에 질려 달아났다는 것이다. 재미는 있는데 무슨 소리인지 모르겠다.

살라딘 쪽은 살라딘 대로 적에게 본때를 보여줬다며 승리를 주장했는데, 이 역시 불확실하다. 아마 서로 밝히기 싫은 조건으로 협상을 한 건 아니었을지?

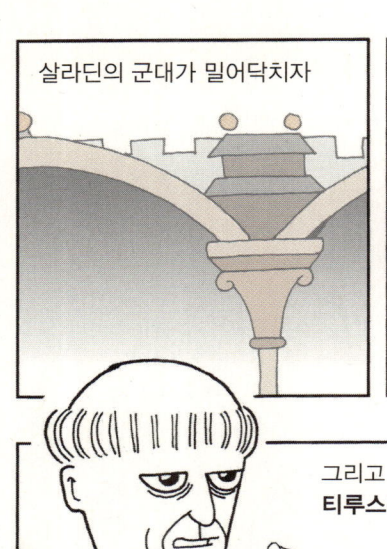

그해 여름 살라딘은 십자군과 육해 양면으로 2년간 휴전을 실시한다는 데 동의했고, 그것은 정식 선서로 확인되었다. 프랑크족 편에서 보면 그것은 굴욕적인 조건이었다. 이제껏 한 번도 자신들에게 유리하지 않은, 동등한 협약에 서명해본 적이 없었기 때문이다. 그들이 자존심에 상처를 받은 것도 무리는 아니었다.

— 스탠리 레인 풀

4장 | 예루살렘 왕국의 멸망 † 239

그 와중에 르노는 더욱 대담한 만행을 생각해냈다.

아~, 나 진짜 이런 쪽으로 천재인가봐.

지중해 / 시리아 / 바그다드 / 예루살렘 / 카이로 / 알렉산드리아 / 이집트 / 나일강 / 아라비아 / 메디나 / 홍해 / 메카

1182년 가을, **홍해**에 도착한 르노.

홍해 인근의 **해적**들을 불러모으는데!

경력자 우대! 켈켈켈.

고무 고무!

…도대체 무슨 일을 꾸미는 거냐? ㅎㄷㄷ

### 이집트와 시리아의 통일

장기 왕조의 주요 거점은 시리아 지역의 다마스쿠스와 알렙포, 그리고 오늘날 이라크 땅인 모술이었다. 누레딘이 시리아 땅을, 다른 아들들이 모술 지역을 각각 분할하여 물려받았다. 살라딘은 다마스쿠스에 이어 알렙포를 차지하며 누레딘의 옛 땅을 이집트에 통합했는데, 이 과정에서 모술 지역의 장기 후손들과도 계속 분쟁을 겪어야 했다.

훗날 이집트와 시리아가 국가 대 국가로 통합했던 아랍연합공화국(1958~1961) 등, 예루살렘을 압박하던 아랍 세계의 통일이라는 구상에 살라딘의 제국이 영감을 주었다고도 할 수 있으리라. (정작 살라딘 본인은 쿠르드 사람이었지만.)

보두앵 4세와 레몽 3세와 기타 등등 기사들이 도착하자

살라딘은 일단 물러가지 않을 수 없었다.

보두앵 4세, 멋지구려!

강인한 의지와 불굴의 기개요.

그나저나 병이 심하다던데, 저러다가 탈이 나는 건 아닌지?

쩝.

술탄! 적을 걱정해주는 겁니까?

우리 술탄은 정말 쓸데없이 인정이 많아요.

ㅋㅋ

하지만 르노 같은 말썽꾼을 위해 저런 군주가 제 목숨을 던지다니

옆에서 보기에도 약 오르지 않소?

…르노라면 치를 떠는 살라딘이었다.

과연 보두앵은 궁성에 돌아와 몸져눕고

1%

HP가 바닥났어. 이제 끝인가, 훗.

예루살렘 왕국은 후계자 문제로 온통 뒤숭숭!

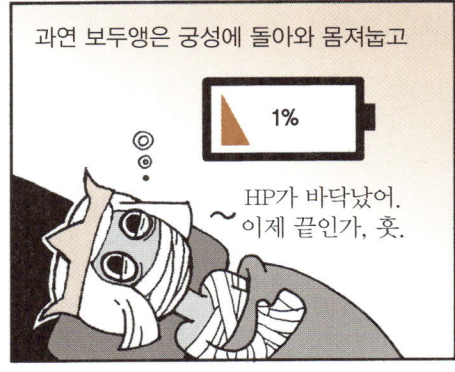

## 예루살렘의 왕위 계승

멜리장드의 섭정이 끝난 후 보두앵 3세에서 아말릭 1세로 내려온 예루살렘의 대권은 한센병을 앓던 소년 임금 보두앵 4세에게 넘어왔다. 왕국의 미래는 누이 시빌라에게 달려 있던 상황.

시빌라의 첫 남편은 결혼한 이듬해 숨을 거두고 그 아들 보두앵 5세는 어려서부터 몸이 약했다(이 소년 임금 역시 왕위에 오른 지 1년 만에 숨을 거둔다). 문제는 시빌라의 둘째 남편인 뤼지냥의 기. 허우대는 멀쩡했지만 자질을 의심받았다. 시빌라는 남편 기와 결별하는 조건으로 대권을 넘겨받았으나, 아들 보두앵 5세가 죽자 기를 다시 불러들여 왕관을 씌워주었다('위장 이혼'?). 예루살렘의 귀족들은 찬성파와 반대파로 나뉘어 다투게 된다.

4장 | 예루살렘 왕국의 멸망 † 255

르노 대 살라딘! 두 전사의 피할 수 없는 대결이 다가오는 가운데

(르노가 말하기를) "지금 당신은 무슬림 군대의 위력을 얘기해서 겁을 줄 심산이군."

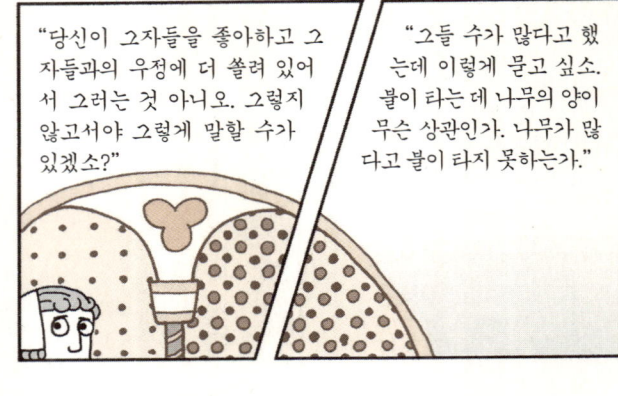

"당신이 그자들을 좋아하고 그자들과의 우정에 더 쏠려 있어서 그러는 것 아니오. 그렇지 않고서야 그렇게 말할 수가 있겠소?"

"그들 수가 많다고 했는데 이렇게 묻고 싶소. 불이 타는데 나무의 양이 무슨 상관인가. 나무가 많다고 불이 타지 못하는가."

그러자 레몽 백작은 말했다. "난 당신들 편이오. 당신들이 원하는 대로 당신들 편에서 싸울 것이오. 허나 당신들은 무슨 일이 벌어질지 보게 될 것이오."

— 이븐 알 아시르

이렇게 하여 예루살렘 왕국의 기사들이 총출동했다.

1187년 7월, 두 군대는 팔레스타인 땅의 **히틴**이라는 마을 앞에서 맞닥뜨린다.

**히틴 전투**의 결과는 어떠할 것인가? 이 전투에 모든 걸 올인한 예루살렘 왕국의 운명은?

그리고 살라딘은 그가 바라던 '**진정한 승리**'를 거둘 수 있을까요?

독자 여러분, 5권에서 만나요!

5권에 계속….

*Bellum contra Cruce Signatos*

고전 읽기

고트홀트 레싱의 《현자 나탄》을 읽다

《현자 나탄》, 고트홀트 레싱 지음, 윤도중 옮김, 지만지.

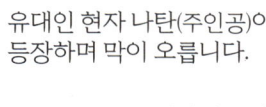

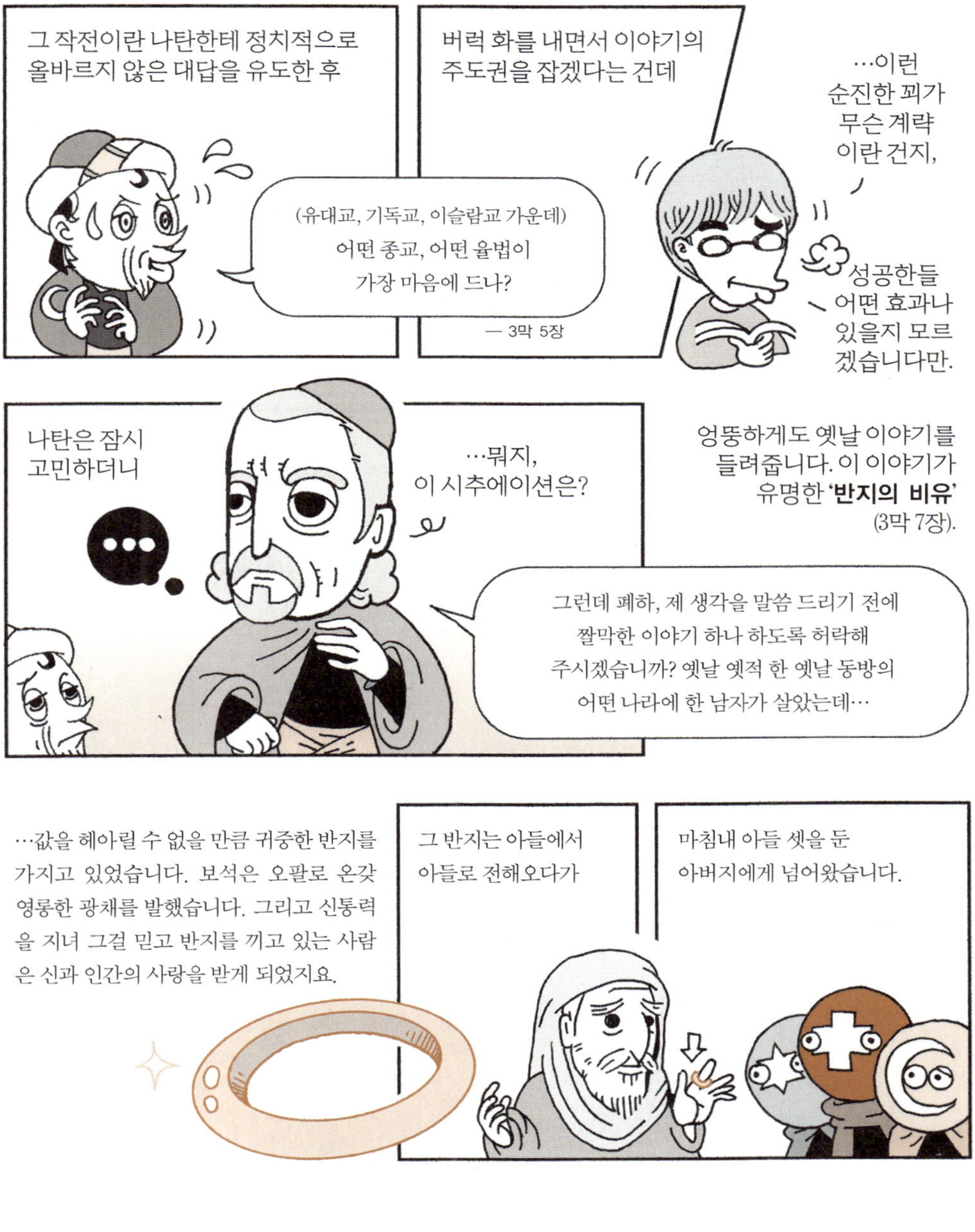

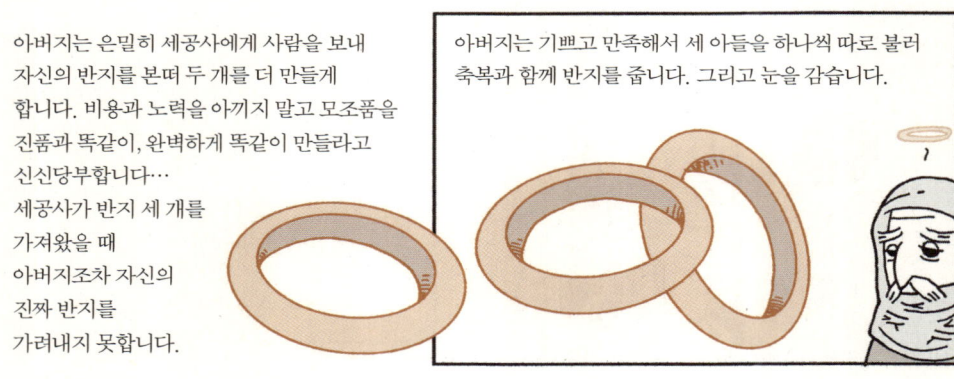

# 연표

### 김태권의 십자군 이야기 １

| | |
|---|---|
| 1095년 11월 27일 | 교황 우르바누스 2세가 원정 계획을 발표하다. |
| 1096년 | 유럽 각지에서 군중십자군이 일어나다. 이후 천 년간 계속될 서유럽 유대인 학살의 역사가 여기에서 시작한다. 은자 피에르가 이끄는 군중십자군이 니케아 근교에서 전멸. |

### 김태권의 십자군 이야기 ２

| | |
|---|---|
| 1097년 | 1차 십자군의 대규모 침공. 니케아의 함락. 도릴레온에서의 결전. 안티오키아 포위. |
| 1098년 | 에뎃사에 백작령 설치. 알렉시오스 1세와의 협약이 깨어지다. 안티오키아와 마라트안누만의 학살. 보에몽이 안티오키아를 무단으로 점거하고 공국을 설치하다. |
| 1099년 6월 15일 | 예루살렘 함락과 대학살. |
| 1100년 | 예루살렘의 권력을 둘러싼 음모와 암투. 예루살렘 왕국의 성립. |
| 1101년 | 서유럽에서 온 1101년의 십자군이 전멸당하다. 이제 십자군은 소수의 병력으로 방어를 펼쳐야 한다. |

| | |
|---|---|
| 1104년 | 하란 전투에서 무슬림의 승리. 보에몽의 몰락. |
| 1107~8년 | 기상천외한 방법으로 탈출에 성공한 보에몽은 서유럽에서 새로운 군대를 조직하여 동방 비잔틴 제국을 침공한다. 두라초 공방전. |

## 김태권의 십자군 이야기 ③

| | |
|---|---|
| 1109년 | 트리폴리 함락. 이로써 4개의 프랑크 식민국가가 형성된다 : 에뎃사 백작령(1097), 안티오키아 공국(1097), 예루살렘 왕국(1100), 트리폴리 백작령(1109). |
| 1111년 | 바그다드에서의 대규모 시위. 민중은 십자군에 대한 반격을 요구한다. |
| 1118년 | 템플러(성전 기사단)의 창립. |
| 1119년 7월 28일 | 아제르 상귀니스(피의 들판) 전투. 안티오키아의 7천 기사가 전멸하다. |
| 1125~6년 | 십자군에 대한 반격을 주도하던 이슬람 지도자들이 암살단 아사신에 의해 암살. 서방의 중동 지배가 기정사실로 보인다. |
| 1127~8년 | 이슬람 지도자 장기, 모술과 알렙포를 장악하여 강력한 세력을 형성. 중동에 있던 십자군 식민국가에 큰 위협이 된다. |

| | |
|---|---|
| 1130년 | 안티오키아의 알릭스 공주, 장기와 동맹을 맺고, 아버지 보두앵 2세에 대항하는 반란을 일으키다. |
| 1131년 | 멜리장드 공주와 위그 드 퓌세의 염문설. 풀크는 예루살렘의 권력을 독점하려 든다. 예루살렘 왕국의 혼란과 위그의 죽음. |
| 1132년 | 무슬림끼리의 내분에 휘말린 장기는 전투에 패하고 궁지에 몰리지만, 티크리트에서 아이유브와 시르쿠 형제의 도움으로 목숨을 구하다. 아이유브 가문이 역사의 무대에 등장하다. |
| 1135년 | 다마스쿠스에서 주무르드 공주의 쿠데타. 자신의 아들을 살해하다. |
| 1137~8년 | 프랑크 국가들과 동방 비잔틴 제국이 동맹을 맺고 샤이자르를 공격한다. 장기는 정치적, 군사적 수완을 발휘하여, 공격군을 물리치고 동맹을 와해시킨다. |
| 1140년 | 다마스쿠스와 예루살렘 왕국의 동맹. |
| 1144년 | 장기에 의한 에뎃사 백작령 국가(1097~1144)의 멸망. 십자군이 세운 가장 오래된 식민지가 무너지다. |
| 1144~6년 | 이슬람에 대한 반격을 주장하며 제2차 십자군의 여론이 형성되다. 성 베르나르두스의 설교. |
| 1145년 | 사제왕 요한(프레스터 존)에 대한 소문이 서유럽 세계에 널리 퍼지다. 프 |

|       | 레스터 존 전설에 따르면 멀리 동아시아(중국)의 기독교 군주인 사제왕 요한이 십자군을 돕기 위해 대규모의 병력을 이끌고 무슬림을 협공하러 오고 있다는 것이다. |
|-------|---|
| 1146년 | 2차 십자군의 침공을 앞둔 시점에서 장기가 어처구니없는 죽음을 맞다. 그 아들 누레딘(누르 앗 딘)의 권력 승계. 서유럽에서는 엘레오노르 왕비가 문화 부대를 이끌고 2차 십자군에 참전한다. |

## 김태권의 십자군 이야기 ④

| 1152년 | 엘레오노르가 남편 루이 7세를 내치고 영국의 헨리 2세와 재혼한다. 훗날 백년전쟁의 씨앗이 된다. |
|-------|---|
| 1154년 | 누레딘, 다마스쿠스를 접수. 서방을 위협하는 강력한 세력을 형성. |
| 1163년 | 쿠르드 전사 아이유브의 아들인 살라딘(살라흐 앗 딘)이 그의 숙부 시르쿠와 함께 누레딘의 명을 받아 이집트에 파견. |
| 1174년 | 갈등을 빚던 주군 누레딘의 사망으로, 살라딘은 독자적 세력을 확장한다. 이후 1186년까지 이집트와 시리아 전역을 통일하여 서방 세력을 압도하는 무슬림 국가를 형성. |
| 1187년 | 히틴 전투에서 살라딘의 승리. 예루살렘 왕국(1100~1187) 멸망. |

## 김태권의 십자군 이야기 5

1189년　　예루살렘을 재정복하기 위한 3차 십자군. 그러나 바르바로사(붉은 수염)라는 별명을 가진 독일 황제 프리드리히 1세가 어이없이 사망하여 전력에 타격을 입는다.

1191년　　아크레 전투. 엘레오노르가 헨리 2세와 재혼하여 낳은 아들인 사자심왕 리처드가 맹활약한다.

1192년　　십자군 지휘부의 내분. 살라딘, 십자군과 화평조약.

1193년　　살라딘 사망(55세). 아이유브 술탄국은 권력 승계를 둘러싼 내전으로 혼란.

1194년　　사자심왕 리처드가 영국에 귀환하여 동생 존이 빼앗은 왕위를 되찾는다.

## 김태권의 십자군 이야기 6

1204년　　4차 십자군의 탈선. 4차 십자군은 베네치아와 결탁하여 콘스탄티노플을 함락, 약탈하고 서방의 괴뢰국가를 건설한다.

1209년　　알비 십자군이 결성되어 시몬 드 몽포르의 지휘로 서유럽 내에서의 이단 사냥이 자행되다. 같은 해, 프란체스코가 이단 혐의를 받지 않고 교황청의 공인하에 수도회를 결성하다.

| | |
|---|---|
| 1212년 | 소년십자군의 참극. |
| 1218~9년 | 우트라 사건으로 분노한 칭기즈 칸, 호라즘을 응징하기 위해 군사를 서방으로 돌리다. 훗날 중동과 유럽을 휩쓰는 몽골 서방 원정의 시작. |
| 1218~21년 | 5차 십자군의 이집트 침공. 살라딘의 후계자인 알 카밀에게 격퇴당하다. |
| 1221년 | 아시아의 다윗 왕에 대한 소문이 서유럽에 퍼지다. 프레스터 존 전설의 후속편이라고도 말할 수 있는 이 전설에 따르면 기독교 군주 다윗 왕이 무슬림을 무찌르며 서쪽으로 오고 있다는 것이다. |
| 1227년 | 7~8개 국어에 능통한 시인이자 학자이기도 했던 서방 황제 프리드리히 2세가 십자군을 일으키라는 교황의 명령을 무시하여 파문. |
| 1229년 | 프리드리히 2세가 평화 외교를 통해 알 카밀로부터 예루살렘을 넘겨받는다. 이때 데려간 병사들이 6차 십자군이지만, 실제로는 전투 대신 대화가 있었을 뿐이다. |
| 1239년 | 프리드리히 2세, 독일에서 군대를 일으켜 이탈리아의 교황을 공격한다. |
| 1244년 | 예루살렘은 다시 무슬림의 손에 넘어간다. |
| 1248년 | 성왕(聖王) 루이의 7차 십자군이 결성되다. |

| | |
|---|---|
| 1250년 | 맘루크(노예 무관)들의 쿠데타. 정권을 장악한 맘루크들은 아이유브 가문의 술탄들보다 더욱 강력한 반서방 노선을 채택한다. |
| 1258년 | 칭기즈 칸의 손자인 훌라구가 바그다드를 점령한 후 대학살을 저지른다. |
| 1260년 | 아인 잘루트 전투에서 맘루크들이 몽골 기병대를 저지하다. |
| 1261년 | 동방 비잔틴 제국의 망명정부가 콘스탄티노플을 수복하다. 라틴 제국(1204~1261)의 멸망. 그러나 과거의 영화를 다시 찾을 수는 없었다. |
| 1268년 | 술탄 바이바르스가 몽골과 손을 잡았던 안티오키아를 점령한 후 피비린내 나는 복수를 감행한다. 안티오키아 공국(1097~1268)의 멸망. |
| 1270년 | 성왕 루이의 8차 십자군. |
| 1289년 | 트리폴리 백작령(1109~1289)의 멸망. |
| 1291년 | 아크레 수복. 이로써 200년에 걸친 서방의 식민 통치가 종식되다. |

## 4권 '본문' 작업에 특히 도움을 받은 책

《The Life of Saladin》, Beha ad-Din, Palestine Pilgrims' Text Society, London Committee of the Palestine Exploration Fund : London, 1897.
살라딘의 곁에서 함께 활약하던 바하 앗 딘이 직접 저술한 살라딘의 전기. 살라딘의 여러 활동 내역이나 인간 됨됨이 등이 생생하게 그려져 있다. 1897년 영역본을 사용했다.

《살라딘-십자군에 맞선 이슬람의 위대한 술탄》, 스탠리 레인 풀, 이순호 옮김, 정규영 감수, 갈라파고스, 2003.
살라딘이 초기에 권력을 잡아나가는 과정에 대해 특히 상세하게 다루었다. 저자 스탠리 레인 풀에 대해서 아민 말루프가 "주목할 만한 책을 썼지만 불운하게도 오랫동안 빛을 보지 못했다"고 썼는데, 한국에서는 십자군에 대한 말루프와 레인 풀의 책이 비슷한 시기에 소개되었다.

《술탄 살라딘》, 타리크 알리, 정영목 옮김, 미래인, 2005.
파키스탄에서 나고 자랐기에 타리크 알리는 이슬람 전통에 친숙하다. 저항운동을 하다가 고향에서 추방된 후 영국에서 다시 공부하며 국제주의 좌파의 대표적인 지식인이 되었다. 두 가지 관점 중 어느 쪽도 한국에서는 접하기 쉽지 않은데, 타리크 알리가 글을 많이 쓰고 또 그 글이 자주 소개가 되니 감사할 따름이다. 그런 그가 살라딘에 대해 소설을 썼다. 사람들의 기대를 배신하면서도 새로운 관점을 주는 흥미진진한 '괴작'이었다. 머리말에서도 살짝 밝혔지만 인간 살라딘에 대해 관점을 잡을 때 꽤 도움을 받았다. 이 만화에 그의 책처럼 야한 장면을 넣지는 못했는데, 이 점 아쉬워할 독자님들이 계실지도 모르겠다.

《A History of The Crusades II》, Steven Runciman, Cambridge University Press, 1951.
《아랍인의 눈으로 본 십자군 전쟁》, 아민 말루프, 김미선 옮김, 아침이슬, 2002.
이번에도 역시 이 두 책에서 많은 도움을 받았다.

《아랍 詩의 세계》, 김능우, 명지출판사, 2004.
이전의 지도자들과 달리 장기와 누레딘은 민심의 소중함을 알았고, 귀족들에게 원한을 살지라도 백성들에게는 좋은 군주로 받아들여지고자 노력했다. 그 한 축을 담당했던 것이 장기와 누레딘의 궁정에서 후원 받던 문필가들이었다. 아이유브 왕조의 살라딘 역시 이러한 전략을 계승하였다. 이들의 글을 생생하게 읽을 수 있는 자료가 바로 이 책이다. 각종 시가의 번역이 실린 저자의 논문들을 읽으며 당시 사회를 조금이나마 접할 수 있어서 감사할 따름이다. 4권에서 인용하지 않은 시들도 꽤 많이 있는데, 예루살렘을 용사가 정복해야 할 (또는 되찾아야 할) 처녀에 비유하는 작품들이다. 외부의 적이 침공해 들어왔을 때 전사의 남성성을 강조하는 현상은 동서고금이 마찬가지인가. 고민이 많다.

### 4권 '들어가며' 작업에 도움을 받은 책

《The Doré Bible Illustrations》, Gustav Doré, Dover, 1974.
되도록 역사적 장면을 그릴 때 유물을 통해 고증을 하려고 노력한다. 4권 도입부를 그릴 때는 불가능했다. 다윗과 솔로몬 시대의 유물이 발굴된 적 없다는 사실을 우리는 자주 잊는다. 우리가 아는 구약성서의 그 생생한 이미지들은 고증의 산물이 아니라 상상력의 소산일 뿐. 이 만화에 등장한 히브리 사람 복식 대부분은 19세기 귀스타브 도레의 일러스트레이션을 참고한 것이다. 다윗과 솔로몬 등 임금 복장만 예외. 이스라엘 임금 예후가 앗시리아 유물에 잠시 등장한 덕분이다. 현실 속의 임금님은 도레의 일러스트레이션보다는 훨씬 초라한 옷을 입었다.
《성경의 세계와 지도》, 자코모 페레고, 민남현 옮김, 바오로딸, 2007.
성서에 따른 접근과 고고학적 접근을 나란히 보여주고 있다. 어느 쪽 하나를 따르기보다 두 가지 소스를 모두 만족시키는 지점을 모색하는 것이 이 책의 특징. 미덕일 수도 있고 답답한 부분일 수도 있겠다. 이 책에 나오는 유물과 유적, 지도 등을 많이 참고하였다.
《예루살렘》, 토마스 이디노풀로스, 이동진 옮김, 그린비, 2002.
1, 2권 작업할 때는 1차 십자군 부분을, 3권 때는 예루살렘을 둘러싼 칼리파 시대의 역사를, 이번 4권 때는 구약성서 시대의 역사를 이해하는 데 도움을 받았다.
《성 꾸란 : 의미의 한국어 번역》, 최영길 옮김, 파하드국왕꾸란출판청 편찬, 1997.
《성경과 코란 : 무엇이 같으며 무엇이 다른가》, 요아힘 그닐카, 오희천 옮김, 중심, 2005.

구약성서와 꾸란에 같은 사건이 다르게 쓰여 있는 걸 접할 때면 여러 생각이 꼬리를 문다. 시간 가는 줄 모르고 생각이 달리게 마련인데, 자칫 호사가의 함정에 빠질 수도 있다. 아마추어 독불장군처럼 경전을 해석하지 않으려면 연구자의 책을 계속 찾아봐야 한다. 그닐카 신부의 책은 그런 점에서 큰 도움이 되었다.

《예언자적 상상력》, 월터 브루그만, 김기철 옮김, 복 있는 사람, 2009.
예언자에 대해 페이지를 많이 할애한 것은 이 책에서 받은 영향. 개요 짜고 콘티 짜면서 많이 인용했는데 최종 콘티를 간략하게 만드는 과정에서 빠지게 되어 아쉽다.

《성서와 사회정의 : 역사적 좌표》, H. 헨드릭스, 정한교 옮김, 분도출판사, 1984.
예언자 부분에서 관점을 바룰 때 도움이 됐다. 역시 이 책의 논의를 많이 체크했는데 최종 콘티에서 빠지게 됐다. 신약성서 부분에서 뭔가 다시 다룰 수 있지 않을까 기대해본다.

《구약성경과 신들 : 고대 근동 신화와 고대 이스라엘의 영성》, 주원준, 한님성서연구소, 2012.
아주 인상 깊게 읽었다. 이 책의 내용을 별도의 챕터로 만들어 다루고 싶었는데 지면이 허락하지 않아 아쉽다.

《Symbols of Judaism》, Marc-Alain Ouaknin, translated by Mimi Tompkins, Assouline, 2000.
4권 작업을 내놓으며 걱정되는 것이 있다면 혹시라도 유대교 문명에 대해 부정적인 내용을 다루지 않았을까 하는 점이다. 왠지 폐쇄적이고 경직되어 있을 것만 같은 유대교가 사실 그렇지 않다는 것을 이 책이 잘 보여준다. 특히 하누카에 대해 문명의 교류라는 면에서 해석한 부분이 인상적이었는데, 지면 관계상 4권에서 다루지 못해 아쉽다.

《현자 나탄》, 고트홀트 레싱, 윤도중 옮김, 지만지(지식을 만드는 지식), 2011.

### 1~4권 작업할 때부터 꾸준히 도움이 되는 책들
#### 생활사 및 미술 자료

《Images en terres d'Islam》, Oleg Grabar, Réunion des musées nationaux, 2009.

《Arab Painting》, text by Richard Ettinghausen, Skira, 1962.

《L'Enluminure à l'Époque Gothique : 1200-1420》, François Avril, Bibliotheque de l'Image, 1995.

《The Chronicle of Western Costume : From the Ancient World to the Late Twentieth Century》, John Peacock, Thames & Hudson, 2003.

《Saracen Faris : AD 1050-1250》, David Nicolle, illustrated by Christa Hook, Osprey Publishing, 1994.

《The Moors : The Islamic West 7th-15th Centuries AD》, David Nicolle, illustrated by Angus McBride, Osprey Publishing, 2001.

《Saracen Strongholds : AD 630-1050, The Middle East and Central Asia》, David Nicolle, illustrated by Adam Hook, Osprey Publishing, 2008.

《Byzantium at War : AD 600-1453》, John Haldon, Osprey Publishing, 2002.

《Byzantine Infantryman : Eastern Roman Empire c. 900-1204》, Timothy Dawson, illustrated by Angus McBride, Osprey Publishing, 2007.

《Norman Knight : AD 950-1204》, Christopher Gravett, illustrated by Christa Hook, Osprey Publishing, 1993.

《新版 西洋騎士道事典 : 人物・傳說・戰鬪・武具・紋章》, グランド オーデン 著, 堀越孝一 監譯, 原書房, 2002.

《Medieval Warfare Source Book : Christian Europe and its Neighbours》, David Nicolle, 1996.

《Romanesque : Architecture・Painting・Sculpture》, Ed. by Rolf Toman, Feierabend Verlag, 2002.

《Costume 1066-1966》, John Peacock, Thames and Hudson, 1966.

《Costume of the Classical World》, Marion Sichel, Chelsea House Publisher, 1980.

《이슬람 : 라이프 인간세계사》, 타임라이프 북스, 1981.

《예언자의 땅 : 이슬람》, 타임라이프 세계사, 고형지 옮김, 가람기획, 2004.

《The Bayeux Tapestry》, David M. Wilson, Thames and Hudson, 1985.

**이슬람 세계의 이해**
《이슬람 : 교리, 사상, 역사》, 손주영, 일조각, 2005.
《마호메트 평전》, 카렌 암스트롱, 유혜경 옮김, 이희수 감수, 미다스북스, 2002.
《성경과 대비해서 읽는 코란》, 무함마드 아하마드 지아드, 김화숙·박기봉 옮김, 비봉출판사, 2001.
《Le Monde Arabe : Les Encyclopes》, Mohamed Kacimi, Institut du monde arabe, 2007.
《아랍문화의 이해》, 공일주, 대한교과서, 2000.
《우리가 몰랐던 아시아》, 아시아네트워크, 한겨레출판, 2003.
《이슬람문명》, 정수일, 창비, 2002.
《터키史》, 이희수, 대한교과서, 2000.

**십자군 전쟁의 역사**
《The Crusades》, Zoé Oldenbourg, translated by Anne Carter, Pantheon Books, 1966.
《십자군전쟁 그것은 신의 뜻이었다!》, W. B. 바틀릿, 서미석 옮김, 한길사, 2004.